눈부시지만, 가짜

눈부시지만, 가짜

장영섭 지음

담앤북스

서문

 월간 〈불광佛光〉에 '삶, 선禪과 함께 이러구러'란 제목으로 2년간 연재했던 원고를 묶었다. '도대체 삶이란 무엇이며, 어떻게 살아내야 하는가'에 관한 자문자답이 이야기의 뼈대다. 2010년 1월호부터 2011년 12월호까지 실었으니, 모두 24편이다. 인생을 24개의 단면으로 쪼개어 글을 풀어갈 소재로 삼았다. 고찰과 해석을 위한 기본도구로는 조사선祖師禪을 선택했다. 동서양 철학자들의 입담도 쪼개 넣었다.

 요행히 출판의 기회를 얻었고, 다시 글을 다듬었다. 퇴고와 정서에는 거의 석 달을 썼다. 매수 제한이 없으니 자연스레 각 편篇마다 분량이 조금씩 길어졌다. '아름답지만 엄정하고, 쉽지만 단단한' 문장을 위해 최대한 노력했다. 바야흐로 생애 다섯 번째 책이다. 훗날 불교의 고전이 되리란 집착으로, 쓰고 또 쓴다.

연재를 마치면서 "삶의 의미를 깔끔하게 정리할 수 있었다. 독자들에게도 유익한 경험이었길 바란다"고 기록한 적이 있다. '선禪하게 산다는 것'부터 '지혜'에 이르기까지 낱낱의 표제어를 관통하는 화두는 '삶'이고, 그에 관한 설명과 대안을 수록했다. 물론 워낙 복잡하고 힘겨우며 때론 어처구니없기까지 해서, 섣불리 규정할 수 없는 게 삶이라는 현상이다. 어쩌면 '죽지 않기 위해 발버둥치는 순간에도 조금씩 죽어가는 것'이 목숨의 숙명이다.

곧 이러나저러나 거대한 사기극에 불과하다는 건데, 책은 이토록 불편하고 어색한 배역을 어찌하면 이러구러 소화해내느냐 하는 문제를 다뤘다. '방법적 무심無心', '자족自足보다 값진 승리는 없다', '죽음은 삶의 원형' 따위의 구절들이 가장 효과적인 홍보문구가 되겠다.

원고를 집필하는 동안 나는 기자이면서 선객禪客이었다. 남들의 말을 들어주면서 밥벌이를 하는 틈틈이, 남들과는 상관없는 나를 찾아 마음의 길을 탐문했다. 조만간 불혹의 나이다. 그간의 저작을 돌이켜보면 그것은 세상이 내게 저지른 껍질과 흉터를 털어내는 작업이었다. 강력한 수완도 빛나는 복락도 없이 날들은 간다. 다만 끝내는 '헛것'인 것들과 말을 섞지 않아도, 그다지 아쉬울 게 없는 시절이다.

생각의 소멸이 일반적인 수행이라면, 나의 수행은 생각의 바닥까지 파고들어가 진짜 쓸 만한 생각을 건져내는 일이다. 참선을 본격적으로 해본 경험은 없어 견성見性했다고 말하기는 주저된다. 공식적으로는 잘못된 길일지도 모르지만, 그래도 내게는 제격인 길이다. 앞으로도 이럴 것이다. "달마의 재림"이라며 나를 변함없이 지지해주는 아내에게 감사를 전한다.

이제 나는, 그냥 나다. 나답지 않거나 못해도 결국은 나다. 삶도 그냥 삶이다. 더러워서 못 살겠다는 삶도, 그 더러움의 크기만큼 참된 것이다.

불기 2556년 한여름

여기저기서 쓰다.

삶의 본질과 해법에 관해,
낮은 목소리로

눈부시지만, 가짜

인격이란 것도 껍데기에 불과하다

지금 이대로가 존재의 완성

1

생각이 곧 현실이다

매 순간 불쑥불쑥 튀어나오는 당신의 잡념을 보라.

내가 생각을 지배하는 게 아니라 생각이 나를 지배한다.

한편으로 돌이켜보면 그러한 생각들이 결국 삶이긴 하지만!

멈춰 있을 땐 정답이 없다는 게 곧 정답이요,

걸어갈 땐 정답을 찾아가는 길이 곧 정답이다.

선禪하게 산다는 것

「양파껍질」의 비유

너는 왜 적敵인가

마음 마음 마음, 도대체 속을 알 수 없는 놈.
기분이 좋을 때는 온 세상을 제 몸 아끼듯 끌어안다가도,
한번 삐치면 바늘 하나 꽂을 자리조차 남에게 배려하지 않으니, 원.
보리달마菩提達摩,《혈맥론血脈論》

가장 고요한 순간에 관한 단상斷想 : 어느 때처럼 건조하고 따분한 강의실 안. 존재의 애매성을 설명하던 교수가 산중에 박힌 작은 절집을 떠올려보라 권했다. 까무룩. 상상만으로도 편안해지는 적막이다. 졸음과도 죽이 맞아 마음이 한참 까라질 무렵, 교수는 한 가지 '옵션'을 걸었다. 마냥 정적이 흐를 때 또는 가느다란 죽통을 타고 계곡물이 똑똑 떨어질 때, 어느 상황이 더 조용하겠느냐는 물음. 자신은 후자를 택하겠단다. 곰곰 따져보니 그럴 만도 했다. 물론 개개인의 취향에 따라 엇갈릴 뿐, 정답이 따로 있을 문제는 아니었다. 외려 '틀림'에 대한 공포 혹은 '맞음'에 대한 기대가 애당초 성립되지 않아, 한결 매력적으로 느껴졌다. 질박한 심정으로 접근할 수 있어 반가운 화두. 소리는 침묵을 깨는 것인가 아니면 침묵을 완성하는 것인가.

이처럼 잠깐 즐기고 버릴 수 있는 생각들은 '뒤끝'이 없다. 다만 인생에 별다른 영향을 끼치지 못하므로 '뒷심'도 없다. 예컨대 소리가 침묵을 깨는 것이라 할지라도, 내 삶의 안전을 박살내지는 못한다. 동시에 소리가 침묵을 완성하는 것이라 할지라도, 나의 불행을 종결짓지는 못한다. 무엇보다 '현실'이란 녀석이 끼어들면, 생각은 늘어지고 꼬이다가 썩어 나가기 일쑤다. 산골짜기 새소리는 들어줄 만하지만, 층간소음은 살인을 부른다.

동일한 문제를 놓고도 사람의 성정性情과 이해利害에 따라 입장은 딴판이 된다. 배고픈 자가 바라보는 밥은 탐욕이지만, 배부른 자가 바라보는 밥은 풍경이다. 결국 객관적 현상과 주관적 판단의 만남은, 혼수를 준비하는 예비부부와 같다. 뭐 하나 쉽게 합의하질 못한다. 또한 자아와 타자의 관계는, 메이저리그에서 비로소 성공한 추신수와 프리미어리그에서 여전한 활약을 펼치는 박지성과도 처지가 비슷하다. 따로 논다. 이를테면,

원수를 사랑하는 게 사랑인가 아니면 원수를 응징하는 게 사랑인가. 가족을 몰살한 사내의 목숨을 갈가리 찢어놓는 일과 법의 심판을 잠자코 기다리는 일 가운데 무엇이 진정한 인간의 도리인가. 유혹에 넘어간 뒤에 주어지는 짧은 쾌락이 행복인가 아니면 유혹을 뿌리친 뒤에 주어지는 오랜 권태가 행복인가. 용의 꼬리로 사는 자에게 줄을 댈 것인가 뱀의 머리로 사는 자에게 빌붙을 것인가. 연전에 퇴사한 옛 직장동료가 결혼한다고 청첩장을 들이밀면, 축의금은 3만원을 내는 게 옳은가 5만원을 내는 게 옳은가. 아니면 입

을 닦아 버리는 게 합리적인 처신인가. 서울 법대를 졸업하고 출가한 스님과 무학으로 자수성가한 기업인 중에 누가 더 대단한가. 금연 표지판 옆에서 담배를 피우는 용기와 엄마 지갑에서 몰래 1000원을 빼는 용기가 맞붙으면 누가 이길까. '세상은 넓고 할 일은 많다'는 낙관론과 '세상이 넓다고 이 일 저 일 벌이다 보면 패가망신한다'는 비관론 사이의 기대치와 진리치의 총합은 얼마인가. 너는 왜 적敵인가. 나는 왜 저기에 있지 못하고 여기에 있는가. 죽음은 삶을 파괴하는 것인가 아니면 더욱 눈부시게 만드는 것인가.

이런 생각, 저런 생각, 색다른 생각, 볼썽사나운 생각, 생각을 등에 업은 생각, 생각을 등에 업은 생각에 짓눌린 생각들이 여염집 담장을 타다가 넘어지고, 아무 여자에게나 명함을 돌린다. 얘기가 길어졌다. '온갖 난봉을 일삼던 마음, 기어이 경찰에 붙잡힌다'는 설정으로 마무리하겠다. 이도 저도 아니라면 그저 마음이 움직인 것인가.

천하의 근본 없는 놈

"그대 거기서 무얼 하고 있는가."
"아무것도 하지 않습니다."
"그렇다면 한가로이 앉아 있는 것이로구나."
"한가로이 앉아 있다면 하는 일이 있는 겁니다."
《선문염송禪門拈頌》

중국 당나라 시대의 이름난 선사였던 석두희천石頭希遷과 약산유엄藥山惟儼의 대화다. 법명에 걸맞게 총명탕이라도 장복한 건지, 약산의 대답이 기막히다. 한가롭게 앉아 있는 것조차 하나의 '일'이라…. 털끝만 한 '분별分別'도 용납하지 않고 있다. 당연하다. '앉아 있다'는 한 생각에서 '편안하다'는 감정과, '눕고 싶다'는 욕심과, '불편해지면 어떡하지'란 번뇌가 필연적으로 이어지니까. 그리고 이러한 마음놀음 탓에 걸어가도 될 일을 급하게 뛰어가다 고꾸라지고, 호미로 막을 것을 가래로 막다가 기어이 가래를 부러뜨리고 마는 게, 중생들의 인생사다.

"그대는 하지 않는다고 했는데, 하지 않는다는 게 무엇인가"라는 석두의 거듭된 질문에 약산은 "1000명의 성인도 알지 못합니다"란 대답으로 응수했다. 제자의 대꾸에 스승은 다음과 같은 게송偈頌을 읊었다. "원래부터 같이 앉았으되, 이름도 모른 채 있는 그대로 어울러서 이렇게 가는구나. 그 옛날 현인들도 알지 못했거늘, 하찮은 범부가 어찌 밝히랴." 게송은 한시漢詩 형태의 노래로, 나의 깨달음을 드러내거나 남의 깨달음을 기리고 싶을 때 부른다. 곧 석두의 '장탄식'은 약산의 깨달음을 칭찬하기 위한 게송이다. '있는 그대로'의 진실을 그가 보았기 때문이다.

생각이 곧 현실이다. 생각하지 않으면 삶은 존재하지 않고, 생각하기 전의 삶이란 무어라 규정할 수 없는 덩어리에 불과하다. 생각을 시작하고 나서야 그 덩어리는 이것과 저것, 혐오와 애착, 죄악과 신성 등등으로 조각조각 나뉜다. 그리고 생각에서 싹튼 현실은, 생각이 시들면 소멸하고 만다. 생각하지 않을 때는 아무 일도 일어나지 않는다. 그러니 현실은 궁극적으로 환상이다. 무언가를 한다는 것은 '무언가를 한다'는 생각 그리고 언어에서 비롯된다. 그러니까 그냥 말이 그렇다는 것이지, 실제로는 아무 일도 하지 않는 것이다.

달리 말해 '~하지 않는다'는 건, 무언가를 한다는 생각이 없는 것이다. 한다는 생각이 없으므로, '하고 싶지 않다'는 생각도 없다. 욕심이나 분노 따위의 냄새나는 생각들이 차단된 상태다. 아울러 힌트와 낌새조차 없는 무심無心의 상태인데, 성현이라손 어떻게 남들이 그것을 알 수 있다는 것인지. 알 수 있다면 착각이고, 설명할 수 있다면 기만이다. 또한 나의 체험을 전달한다고 해서 과연 그것을 온전히 타인과 공유할 수 있는가. 나에게는 나의 삶, 너에게는 너의 삶이 있을 따름이다. 유일하고도 확실한 정답은 자신만이 느낄 수 있는 자신의 삶을, 최대한 정성껏 이끌고 가는 것이다. 오직 '할' 뿐이다.

본래무일물本來無一物. 선사들의 공통된 세계관이다. '본래는 아무 것도 없다. 괜히 있다고 고집하다가 골병들지 마라. 너희들이 말하는 있음이란 물거품이거나 꼼수다'쯤으로 해석할 수 있다. 더 나아가 '결과에 대한 희망과 걱정 없이, 그리고 주변 여건에 대한 만족과 불평 없이 너에게 주어진 길을 잠자코 가라'쯤으로 의역할 수 있다. 다음과 같은 논평도 가능하다. 사단이 나더라도 호미로 막을 수 있을 만큼의 일만 벌이고, 웬만하면 뛰지 말고 걸어가고, 대신 끊임없이 걸어가고, 발밑을 살피며 신중하되 자신 있게. 결론은 절제와 정진精進.

동시에 석두가 이름처럼 멍청해서 묻기만 한 것은 아니다. 제자의 법기法器를 가늠하기 위한 '의도적' 능청으로, 일종의 구술시험이다. 제자의 대답을 뜯어보면 '너 따위가 지고한 깨달음을 어찌 알겠느냐'는 조롱이다. 욕을 먹으면 본능적으로 화를 내는 게 상식이다. 단박에 주먹이 나와야 할 불경不敬임에도, 석두는 불쾌하다는 기색조차 내지 않았다. 오히려 스스로를 범부凡夫라고 깎아내리며 몸을 낮췄다. 대화의 진정한 승자는 약산이 아닌 석두다. 선사들은 외부의 자극으로부터 일절 자유로웠기에, 마음을 자기 '마음대로'

주무를 줄 알았다. 그들은 상식 밖의 인간이다.

　활발발活鱍鱍. 투철한 깨달음으로 매사에 자유자재한 선사들의 언행을, 물고기의 팔팔한 모습에 비유한 말이다. 약산의 당돌함에 값한다. "형상도 없고 근본도 없으며 머무르는 바 없이 싱싱하게 살아 움직인다(無相無形 無根無本 無住處活鱍鱍地)"라고 한《임제록》이 출처다. 임제臨濟는 무위진인無位眞人을 설하면서 형상과 개념, 과거와 신분에 구애받지 않는 참사람이 되라고 가르쳤다. 물고기는 정해진 목적 없이, 신세에 대한 고민 없이 무작정 헤엄친다. 그냥 자신의 전체를 세상에 통째로 풀어놓는다. 모든 구속을 훌훌 벗어던져버린 천하의 근본 없는 놈. 선가禪家에서 바라보는 가장 이상적인 인간상이다.

마음의 현상이 곧 본질

경전을 외우면 똑똑해질 거다.
계戒를 잘 지키면 다음 생에 천당에 태어날 것이고
남에게 베풀면 복을 받겠지. 모두 다 훌륭한 일이야.
하지만 아쉽게도, 거기에 부처는 없단다.
보리달마菩提達摩, 《혈맥론》

선불교 선문화 간화선看話禪 선서화禪書畵…. 우리가 알고 있는 선禪은 중국
의 남북조시대 보리달마가 창시한 선종禪宗에서 유래한다. 당시 불교계를 풍
미하던 교학敎學 불교에 대한 반발에서 출발했다. 어떤 이념이든 조직이 생기
고 돈이 흘러들고 권력을 쥐면 망가지게 마련이다. 황제의 신임을 얻은 교단
은 사찰의 크기와 불상의 높이, 경전의 두께로 위세를 쌓았다. 불법佛法을 배
우는 일엔 게으르고, 불법을 꾸미는 데에만 치중한 셈이다. 선종은 진리를
문자화 · 형식화 · 교조화하려는 그들의 관료주의에 어깃장을 놓았다.

깨달음은 언어로 전할 수 없으며, 법당에만 있는 것도 아니요 큰스님만 독
점하는 게 아니라는 것이다. 선종의 교리를 단출한 문장으로 요약하면 이렇

다. '마음의 본성만 제대로 간파하면 모든 번뇌에서 벗어나리라.' 견성見性이 곧 성불成佛이라는 가르침이다. 곧 누구나 어디서나 깨칠 수 있다. 마음의 본성만 깨친다면. 그러나 깨달음의 방법을 알았다손 단숨에 끝날 문제는 아니다. 보이지도 않고 만지지도 못하는 마음을 어떻게 파악할 것인가. 차마 못 볼 꼴이라도 확실히 눈에 보인다면, 웬만해선 손에 넣을 수 없더라도 분명 손에 잡히는 것이라면.

더구나 기쁨과 슬픔, 환희와 분노, 상상과 몽상…. 인간은 마음이 뱉어놓은 찌꺼기, 마음의 '결과'에만 반응하고 연연할 따름이다. 마음의 본질엔 결코 다가가지 못하는 운명이다. 마음이 자나 깨나 벌이는 일인 생각 역시 처치가 곤란한 녀석이다. 생각은 자아의 의지와 상관없이 제멋대로 꽃핀다. 이 글을 읽는 순간에도 불쑥불쑥 튀어나오는 당신의 잡념을 보라. 내가 생각을 지배하는 게 아니라 생각이 나를 지배한다. 한편으로 돌이켜보면 그러한 생각들이 결국 삶이긴 하지만! 멈춰 있을 땐 정답이 없다는 게 곧 정답이요, 걸어갈 땐 정답을 찾아가는 길이 곧 정답이다.

마음이 있어서 배가 고프고, 마음이 있어서 졸린다. 마음이 있어서 씨앗에 싹이 트고, 마음이 있어서 천재지변이 일어난다. 마음이 있어서 선이 존재하고, 마음이 있어서 악이 존재한다. 마음이 있어서 극락이 있고, 마음이 있어서 지옥이 있다. 마음이 있어서 출세하고 싶고, 마음이 있어서 도피하고 싶다. 마음이 있어서 서로 싸우고, 마음이 있어서 서로 화해한다. 마음이 있어서 소통하고, 마음이 있어서 갈등한다. 마음 밖에서는 아무 일도 일어나지 않는다. 아, 이 죽일 놈의 마음. 하지만 이 죽일 놈 때문에 오늘 하루 또 내가 산다. 당신이 그런 것처럼.

달마는 종잡을 수 없는 마음에 절망하거나 집착하지 않았다. 어느 선지자들처럼 섣불리 신神을 설정하지도 않았다. 이상理想에 부합하는 덕목을 제시하고, 그 길만을 따를 것을 강요하지 않았다. 솔직하고 냉정했다. 마음의 본질이 따로 있는 게 아니라 마음의 현상이 곧 본질임을 알라고 설파했다. 강江의 정체성은 밑바닥이 아니라 줄기차게 흐르는 물길에 있다. 흐르지 않으면 마음이 아니다. 흐름이 곧 마음이다. "너는 내게 묻지. 그게 너의 마음이야. 나는 네게 답하지. 그게 나의 마음이야. 내게 마음이 없다면 어떻게 대답을 하겠니. 네게 마음이 없다면 어떻게 질문을 하겠니. 이 마음이 곧 부처란다《혈맥론》."

마음의 길을 하염없이 따라가는 것이 누구에게나 동일한 인생의 양태다. 더불어 너도 부처님처럼 마음을 지녔으니 부처님이고, 너도 부처님처럼 밥 먹고 잠자며 울고 웃을 줄 아니 부처님이라는 격려. 이렇듯 부처님과 동등한 인격인데 괜한 삽질로 인생을 허비해서 되겠느냐는 핀잔. 너 자체로 부처님이니 유무有無 선악善惡 빈부貧富 고하高下 시비是非 등등 이런저런 손가락질에 휩쓸리지 말고 꿋꿋이 너의 길을 가라는 당부. 제일 마음에 드는, '마음'이다.

마음은 양파와 같다. 벗기고 벗겨도 껍질뿐이다.

하긴, 그럼 어때. 껍질만 까서 요리하면 되지.

열심히 살겠다는 껍질. 그대를 사랑한다는 껍질.

선택

관건은 절망이 아닌 승복

인생은 변수와의 싸움이며
미래와의 신경전

입을 열면 그르치고 입을 닫으면 잃을 것이다.

《종문원상집宗門圓相集》

'인생은 B와 D 사이의 C다.' 실존주의 철학자 장 폴 사르트르의 명언이다. 태어남Birth과 죽음Death 사이의 선택Choice. 곧 삶은 선택의 연속이란 뜻이다. 시도 때도 없이 그리고 부지불식간에, 무언가를 고르고 버리는 일이 인생사다. 지하철을 타고 출근할 것인지 버스를 이용할 것인지, 점심 메뉴는 무얼 먹어야 할 것인지, 퇴근길엔 술자리로 샛길을 탈 것인지 곧장 집으로 갈 것인지, 잠들기 전 하루를 정리하며 담배를 피울 것인지 건강을 생각해 관둘 것인지, 순간순간 갈림길에 선다.

하나를 선택했을 때 그것 때문에 포기한 가치의 평가액, 그러니까 기회비용이 클수록 선택은 한층 무겁고 복잡해진다. 담배를 끊을 것인지 말 것인

26

지, 구형 쏘나타를 살 것인지 신형 토스카를 살 것인지, 무리를 해서라도 지금 재개발 딱지를 살 것인지 분수를 맞추다가 훗날을 기약할 것인지, 과감하게 자살할 것인지 한 번 더 속는 셈 치고 꾸역꾸역 견딜 것인지, 전전긍긍에 좌충우돌을 쌓고 노심초사를 얹는다. 선택의 표정은 제각기 달라도 선택이란 얼굴은 어디로 도망가지 않는다. 적극적인 선택과 본의 아닌 선택, 익숙한 선택과 낯선 선택이 있을 뿐. 무표정도 표정이듯 선택하지 않는 것도 일종의 선택이다. 어찌 됐든 이전과는 다른 세계와 조우한다.

아침식사로 늘 먹던 김치찌개 대신 무심코 카레라이스를 먹었다고 위암에 걸리진 않는다. 모든 선택이 결정적인 것은 아니란 의미다. 하지만 적어도 몇 가지 선택은 인생의 판도를 뒤흔든다. 사소한 선택이 엄청난 결과를 부르는 경우도 있다. 평소보다 10분 빨리 회사로 출발하는 바람에 '1994년 10월 21일 오전 7시 40분의 성수대교'를 모면한 남자. '신상' 구두를 단념한 대가로 '1995년 6월 29일 오후 5시 57분의 삼풍백화점'이 비호한 여자.

특히 진학 취업 결혼 따위의 통과의례에 수반되는 숙명의 제비뽑기. 어떤 산가지를 집느냐에 따라 사르트르의 기발한 수사에 무릎을 치는 사람과 땅을 치는 사람이 나뉜다. 적성에 맞지 않는 전공, 학벌에 맞지 않는 직장은 고역이다. 중풍과 치매를 동시에 맞은 시아버지를 바라보는 기분은 암담하다. 하여 사람들의 현명한 선택을 돕기 위해 각종 특목고와 입시학원, 뉴타운과 중매업체들은 오늘도 얼굴에 분칠을 하고 한바탕 호객을 벌인다. '잘난' 대

학, '잘난' 명함, '잘난' 처가…. 당신을 최대한 비싸게 팔아주겠다는 속삭임
은 달콤하다.

또한 인(因, 주체적 의지와 노력)이 아무리 튼실해도 연(緣, 주변의 조건과 배경)이 거칠면
만족할 만한 결실을 얻기 어렵다. 인생은 변수와의 싸움이며 미래와의 신경
전이다. 그래서 중요한 선택은 언제나 어렵다. 게다가 얼핏 스스로 선택을
하는 것 같지만 중요한 선택일수록 선택을 강요받는 것이라 보는 게 옳다.
제대로 미친 한량이 아니라면, 대학에 안 갈 수 없고 돈을 안 벌 수 없고 결
혼을 안 할 수 없다. 과거와 현재, 미래를 사통팔달로 드나들며 인간을 가지
고 노는 선택.

선택은 '자리'를 남긴다. 장삼이사들이 진학과 취업과 결혼 앞에서 하염없
이 주판을 튕기는 이유다. 자신의 처지와 능력, 배경과 인맥을 꼼꼼히 셈하며
가장 푸근한 좌표에 몸을 앉힌다. 요즘은 옛날 아낙네만이 아니라 남녀노
소가 '뒤웅박팔자'다. 값지고 빛나는 것들로 뒤웅박을 채우기 위해 10대에는
'야자'에 시달리고 20대에는 면접에 매달리고 30대에는 '라인'을 타려 애쓴
다. 자리를 가진 사람은 자리를 빼앗기지 않기 위해 약자의 삶을 거덜 내고,
자리가 없는 사람은 자리를 갖기 위해 강자의 목덜미를 노린다. 저급한 이
름으로 회자되고 비루한 형상으로 전락할까봐.

입을 닫든 입을 열든,
승패는 불분명하다

"뱀이 개구리를 삼킬 때 구해주어야 옳습니까, 그냥 모른 척해야 옳습니까."
"구해준다면 두 눈이 멀어버릴 것이며,
 구해주지 않으면 형체도 그림자도 안 보일 것이다."
《조동록祖洞錄》

독선을 꾸짖고 화합을 껴안는 불교에서는 말을 아끼는 게 미덕이다. 수행법의 하나로 묵언默言이 있을 정도이니. 입을 열면 그르친다, 곧 '개구즉착開口卽錯'은 으스대고 헐뜯기 좋아하는 수다쟁이들을 위한 경고다. 뒤가 구릴수록 자신감이 없을수록 거짓말일수록 말이 많아지는 법이다. 언어는 나와 너, 이익과 손해, 선과 악 등 이런저런 개념과 논리로 세상을 토막 낸 뒤, 자신의 구미에 맞게 취사선택하며 분열과 갈등을 조장한다. 진실과 포용을 앞세우지만 결국은 '제 것'과 '제멋'을 추스르기 위한 속셈인 경우가 다반사다. 언어는 세상을 알차고 근사하게 꾸미는 역할을 하는 동시에, 사물과 현상의 본질을 왜곡한다. 누가 바보라고 욕하면 정신이 멀쩡한데도 바보가 된 것처럼 기분이 나빠진다. 칭찬은 사람의 경계심을 느슨하게 만든다. '번뇌'라는 단어가 번뇌를 유발한다. '분노'라는 외침이 미적미적하던 분노를 한껏 흥분시킨다.

말이 죄를 낳는다고 평생을 벙어리로 사는 게 능사냐면 그것도 아니다. 아무리 사랑하는 마음이 넘치더라도 그것을 겉으로 표현하지 않으면 끝내 애인은 떠나가고 만다. 희망이란 말만 들어도 힘이 불끈 솟는다. 아름다운 말들은 말기 암 환자마저 꿈꾸게 하는 마력을 지녔다. 정의라는 '허상' 때문에 수만 명의 민중이 독재정권에 항거하다 목숨을 잃는다. 사람 셋이 모이면 파벌이 생기고 다섯이 모이면 왕따가 생기는 현대사회에서, 말은 해야 득得이다. 빨간 목젖으로 자기의 이익을 주장하고 능력을 홍보하지 않으면 도태되고 만다. 죽은 자는 말이 없기에 살아 있는 자라도 죽도록 말을 해야, 망자의 한을 씻어줄 수 있다. 살아 있다면 끊임없이 혀를 놀려야 하는 게 인간의 운명이다. 입을 닫으면 잃는다. 폐구즉실閉口卽失이다.

입을 열든 입을 닫든, 승패는 불투명하다. 죽음의 위기에 처한 개구리를 돕는다면 먹이사슬의 순리를 거역하는 일이고, 개구리를 외면한다면 살생의 죄업을 방치하는 꼴이 된다. 구해주면 진리를 잃고 구해주지 않으면 생명을 잃을 것이다. 선택의 결과, 선택 이후에 얻을 '자리'에 연연한다면 뒷맛이 개운치 않기는 마찬가지다. 다만 어떤 선택을 하건 또 다른 삶이 열리리란 건 자명한 사실이다. 관건은 절망이 아닌 승복承服이다.

괜찮다, 힘내라

스스로의 마음이 진짜 부처다.

《육조단경六祖壇經》

'실존實存은 본질本質에 앞선다.' 역시 사르트르가 남긴 철학적 유행어다. 제2차 세계대전 이후 유행한 실존주의는 개인의 주관과 결단을 유독 중시했다. 실존주의자들은 아우슈비츠 대학살로 대변되는 전쟁의 참상에서, 신神은 죽었다는 니체의 증언이 사실임을 깨달았다. 신이 가르쳤다는 정의와 윤리는 더 이상 인간의 '본질'이 아니었다. 아울러 신의 이름으로 군림하던 체제와 이데올로기를 신랄하게 비판하며 자신의 내면으로 눈을 돌렸다. 내 뜻과는 상관없이 우발적으로 세상에 던져졌다는 낙담. 어차피 신은 죽었으니 자신을 이끌고 지지할 사람은 자기 자신뿐이란 통찰. 나의 길은 내가 만들어가야 한다는 각오. 더러운 세상, 내 반드시 이겨내고 말겠다는 오기.

무엇보다 선택의 내용이 아닌 선택의 주체에 관심을 돌렸다는 게 핵심이다. 마음의 자유로운 발현에 따라 펼쳐지는 온갖 삶의 양태, 실존에서 인생의 진정성을 구했다. 좋은 아빠 좋은 남편 좋은 자녀라는 도덕이 본질이라면, 아이를 귀찮아하고 외간 여자에게 한눈을 팔며 부모의 유산에 눈독을 들이는 현실이 실존이다. 반면 평생을 이기주의와 벗 삼아 살아온 습관이 본질이라면, 어느 날 문득 자선냄비 앞에서 '용단'을 만지작거리는 회심悔心이 실존이다.

이상과 현실 사이에서 매시 번민하며 결단을 요구받는 것이 실존이다. 실존주의가 권장하는 참삶은 고정된 본질에 끊임없이 회의를 품고 저항하면서, 끝내 본질이란 허위와 불안을 부수거나 떨쳐내는 것이다. 양심과 용기를 발판으로. 시간이 흐르고 관성이 배면서 실존이 본질로 부패하기 시작하면, 다시 부정하고 새로운 지평으로 나아간다. 그 길의 끝이 절명이라도. 그러니 실존주의의 핵심은 부단한 자기갱신, 활발발이다. 단, 마지막까지 지켜내야 할 것은 나에 대한 긍정과 용서.

《육조단경》은 선종의 제6조인 조계혜능曹溪慧能의 육성법문을 모은 책이다. 부처님의 친설이 아님에도 '경經'이라는 칭호를 얻었다. 부처님과 어깨를 겨룰 만큼 위대하다는 뜻이다. 혜능은 발끝에 차이는 중생과 발밑에 꿈틀대는 천민마저 부처라고 선언함으로써, 그들 모두로부터 부처에 값하는 존경을 받았다. 그는 '마음'으로 마음들을 사로잡았다. '스스로의 마음이 진짜 부처'라는 자심진불自心眞佛을 외친 이유는 마음이 세상의 모든 것임을 통찰

했기 때문이다.

인간은 모두 마음의 자식들이며, 마음을 벗어날 수 없다는 점에서 같은 처지다. 그들은 보이는 것만 보고 들리는 것만 듣는다. 보이지 않는 것은 볼 수 없고 들리지 않는 것은 들을 수 없다. 보고(色), 듣고(聲), 맡고(香), 맛보고(味), 만지고(觸), 생각한(法) 것들이 모여 세계를 구성한다. 세계는 마음의 반영이고 마음의 총체가 세계다. 마음 밖에선 아무 일도 일어나지 않는다. 마음에 비친 대로 살아가는 내가 삶의 주인이요 세상의 주인이다.

조사선의 핵심은 인간에 대한 무한신뢰다. 혜능에게 불성佛性은 곧 인성人性이었다. 사람의 마음이 곧 부처의 마음이고, 어떤 생각을 갖든 끝내는 부처의 마음이다. 그들이 보고 듣고 맡고 맛보고 만지고 생각하는 것들이 얽히고설키며 삶과 삶터를 구성한다. 그리고 이보다 더 고귀한 삶과 삶터란 없다. 보이는 대로 보고 들리는 대로 듣는 본성은 영원할 것이기 때문이다.

마음에 따라 움직인다는 점에서 목숨 받아 사는 것들은 하등의 차이가 없다. 중생은 곧 부처고 부처는 곧 중생이다. 혜능의 시각에서 불성佛性은 곧 인성人性이었다. 부처님의 마음은 곧 사람의 마음이다. 마음에 경중이나 귀천을 설정하지 않았다. 깨달은 사람이나 깨닫지 못한 사람이나 마음에 기대어 산다. 물을 긷고 걸레를 빨고 윗사람 앞에서 아부를 하고 부처님 앞에서 합장을 하는 일이 같은 손에서 일어나는 도리. 깨달음은 하늘에서 떨어지지 않는다. 현실의 마음에서 꽃피는 밥이자 똥이고 꿈이자 길이다.

깨닫는 데 일정한 시간이 필요한 것도 아니고 까다로운 절차도 요구되지 않는다. 앞생각이 틀렸어도 뒷생각이 바르면 단박에 부처다. 내 마음이 부처의 마음임을 알면 그만이다. 어떤 선택을 하든 어떤 결과를 맞든, 행색이 초라하든 아이큐가 떨어지든, 하늘로 솟구치든 땅으로 꺼지든, 지금 이대로가 존재의 완성이다. 괜찮다, 힘내라.

물결이 잠잠해도 물결이 치밀어도 바다는 바다다.
이지스함, 반야용선般若龍船, 노아의 방주….
심지어 하늘이 깔고 앉아도 바다는 주저앉지 않는다.
현생의 바다, 전생의 바다, 내생의 바다,
오늘 아침 밥 먹을 때의 바다, 어제 오후 욕먹을 때의 바다,
내일 저녁 술 마실 때의 바다….
셀 수 없이 많은 바다를 가슴에 안은 당신은 누구?

죄

선
禪
은

고
양
이
로
다

아깽이와 나

흰점박이 고양이는 아무 흔적이 없어서 그저 던져놓기만 해도 사람들이 겁낸다.
뛰다가 봄을 뒤집다가 이리저리 날뛰면서 난리를 친다.
냉철히 살펴보니 그것이 곧 화두였다.
이젠 조금은 가지고 놀 줄 알아 저 녀석과 함께 즐기고 욕을 하네.
《나호야록 懶窩野錄》

음독자살한 시인 이장희(1900~1929)는 '봄은 고양이로다'라는 단 한 편의 시
로 문학사에 이름을 남겼다. 그는 고양이의 털에서 고운 봄을, 고양이의 눈
에서 미친 봄을, 고양이의 입술에서 포근한 봄을, 고양이의 수염에서 푸른 봄
을 봤다. 공감한다. 1월 27일 현재, 전형적인 삼한사온 속에서 봄은 아직 멀
다. 하지만 집안에서 뛰어노는 춘기春氣 덕분에 동장군에 대한 시름을 던다.
하기야 보일러의 은덕도 빼놓을 수 없지만.

고양이를 키운 지 10년 가까이 됐다. 아내는 '유리', 나는 주로 '아깽이'라
고 부른다. 아기고양이의 준말이다. 인터넷거래를 통해 분양 받은 터키쉬앙
고라. 새하얗고 기다란 털이 온몸을 수북이 덮었다. 분홍색 콧날이 예리하

면서도 부드럽게 몽그라졌다. 이제는 현관 밖 발걸음 소리만으로도 타인과 나를 식별해낸다. 내가 소파에 누워 TV를 보고 있으면 금세 머리맡에 달려와 자리를 까는 지간까지 발전했다. 아깽이의 예상 수명은 앞으로 5년 안팎이다.

고봉원묘高峰原妙 선사는 모름지기 간화선看話禪을 하려면 대신심大信心, 대분심大憤心, 대의심大疑心을 갖춰야 한다고 강조했다. 대신심은 화두를 공부하면 반드시 생사의 이치를 꿰뚫으리란 믿음이고, 대분심은 기필코 깨달아 더럽고 치사한 중생의 마음과 이별하겠다는 오기다. 대의심은 보이고 말해지는 것 너머의 진실, 삼라만상과 세상만사의 이면을 파헤치고자 하는 일념을 가리킨다. 아깽이의 삶에 이를 대입할 경우 적어도 대의심과 대분심은 어지간히 들어맞는다. 그러니 수행자라 해도 손색이 없다.

고양이의 일상은 크게 세 가지로 나눌 수 있다. 식사, 수면 그리고 관찰. 뭐가 그리 궁금하고 의뭉스러운지, 설원에 박힌 사파이어 같은 눈으로 집안 이곳저곳을 탐한다. '몸을 뒤집거나 이리저리 날뛰는' 동작의 원인은 대부분 호기심 때문이다. 동시에 장난감 쥐를 늦어도 이틀 안에 형체도 없이 찢어놓는 투지에서 대분심을 읽는다. '고양이가 쥐 잡듯 수행하라'는 고칙古則이 괜히 나온 게 아니다.

다만 대신심을 논할 때에는 말문이 막힌다. 아깽이도 깨달음을 생각할까 혹은 고양이란 동물도 깨닫고 싶어할까? 모르겠다. 깨달음이란 담론은 인간의 전유물이니까. 부처님의 말씀 역시 인간만이 이해할 수 있게 가공됐다는 건 분명한 사실이다. 아깽이와 나는 서로 다른 언어를 사용하니 생각도 헤아릴 길이 없다. 하기야 언어로 생각을 파악하는 일조차 그리 녹록하지 않기는 마찬가지다. 누군가 살인을 저질렀을 때 살인의 내용은 알 수 있어도, 살인의 마음은 알 수 없다. '빚 독촉에 시달려서' 혹은 '다른 남자와 자서' 따위의 신문기사? 단순히 '분노'라는 단어로 인생 최악의 결단을 설명할 수 있을까.

피의자의 짤막한 진술에서 뽑아낼 수 있는 건 형벌의 무게이지 마음의 역사는 아니다. 아울러 자기도 자기를 모른다. 주저리주저리 늘어놓는다손 그건 감형을 바란 변명일 뿐 마음에 관한 직보直報일 수 없다. 개구즉착. 입을 여는 순간 생각은 이미 다음 생각으로 갈아탄 뒤니까. 말이 일단 입 밖으로 튀어나오면 십중팔구 몸 밖의 세계만 변화시킬 수 있을 따름이다. 내면은 말이 없고 본질은 기다려주지 않는다.

여하간 오랜 세월 지켜봐온 아깽이의 스타일을 고려했을 때 아무래도 이런 대답이 아깽이답다. '깨달음은 개뿔! 먹을 수 없고 가지고 놀 수 없다면 사절이야. 생선통조림이나 맛나고 비싼 걸로 한번 내놔봐.' 그에겐 눈앞의 먹이가 목적이요 발밑의 잠자리가 행복이다. 길게 보지 않고 깊게 생각하지 않는다. 시야가 좁고 사유가 적으니, 편견이 엷고 뒤끝이 짧다. 머리로 먹고

사는 인간들에게 자주 실망하다 보니, 몸으로 먹고사는 짐승들에게 유난히
정이 간다.

고양이를 부탁해

조주는 아무 말 않은 채 짚신을 머리에 이고 방을 나갔다.
남전이 말했다. "네가 있었더라면 고양이 새끼를 구했을 텐데."
《종용록從容錄》

앞만 보고 달리지 않고 주변을 돌아보며 느긋하게 살아가는 사람은 안
다. 거리에 떠돌이 개보다 떠돌이 고양이가 더 많아졌다는 걸. 암고양이는
한 번에 예닐곱 마리씩 출산하며, 두 달에 한 번씩 임신이 가능하다. 작심하
고 씨를 받기 시작하면 그야말로 우후죽순이다. 넘치는 길고양이들은 애완
묘의 증가에 비례한 유기묘遺棄猫의 증가와도 관련이 깊다. 늙고 병들어 '애
완'으로서의 가치가 떨어지자, 비정한 주인에게서 버림받은 경우를 말한다.
유기묘가 낳은 고양이는 다시 유기묘가 된다.

음식물쓰레기로 연명하며 공원 한구석에서 잠을 청하는 유기묘들의 수명
은 2년 남짓이다. 고양이의 두뇌가 영화 '새'나 '혹성탈출'을 봐도 별다른 감
응을 느끼지 못하게 생겨먹은 건 일견 다행이다. 집단행동이 우려되는 탓이

다. 고양이 특유의 야성에 인간에 대한 배신감까지 겹치면, 노약자 연쇄살인 이나 쓰레기 분리수거제 와해 따위의 사회문제는 충분히 유발할 수 있으리 란 전망이다. 그러나 고양이의 천성을 고려하면 걱정을 붙들어 매도 좋다. 기본적으로 독존獨存을 즐기니까. 게다가 생태계에 대한 예의까지. 자기들끼 리 물어 죽이며 적정한 개체수를 유지한다.

고양이는 훈련이 불가능한 동물이다. 동일한 종끼리도 '내외'가 철저한데 하물며 인간에게 고분고분할까. 고양이를 분양 받았다면 '양육한다'가 아니 라 '동거한다'는 마음가짐으로 대해야 한다. 속 터져 죽고 싶지 않으면 그게 상책이다. '남전참묘南泉斬猫.' 애당초 소유가 불가능한 짐승을 서로 갖겠다 고 옥신각신 난리를 쳤으니, 이와 같은 사단이 나는 거다. 어느 날 동당東堂 과 서당西堂 간에 고양이 한 마리를 두고 쟁탈전이 벌어졌다. 다툼이 계속되 자 남전보원南泉普願 선사가 중재에 나섰다. 점잖게 달래고 합법적으로 으르 는 식의 일반적 중재는 취향이 아니었나 싶다.

별안간 고양이를 집어 치켜들더니 다짜고짜 협박이다. "누구든 바로 한마 디 이르면 베지 않겠다." 아무도 대답이 없자 남전은 기어이 일을 냈다. 칼을 들어 고양이를 두 동강으로 갈라버린 것이다. 훗날 남전은 조주종심趙州從諗 선사에게 그날의 끔찍한 참변을 소개하며 똑같이 물었다. 묵묵부답하던 조 주는 얼른 짚신을 벗어 머리에 이고는 나가버렸다. 가장 살벌하면서도 까다 로운 선문답 가운데 하나다.

남전을 위한 변명

세상은 본래 일삼을 것이 없는데 사람의 마음이 스스로 흔들렸을 뿐이다.
이를 믿는다면 어떤 상황에서나 옳다 그르다 싫다 좋다 따지지 말아야 한다.
《동어서화_{東語西話}》

남전이 실제로 고양이를 죽였는지는 확증할 수 없다. 문답을 한결 극적으로 만들기 위한 방편이었는지도 모를 일이다. 무엇보다 조주가 짚신을 머리에 이고 방을 나간 행위에 대한 남전의 칭찬과 참회가 어이없다. 그게 바로 자기가 원하던 해답이란 건데, 논리적으로도 윤리적으로도 불합리하다. 그러니 '정치적으로' 풀어야 할 필요를 느낀다.

동당과 서당은 으레 주지住持나 방장方丈과 같은 현직에서 물러난 원로스님들이 거처하는 공간이다. 오래고 깊은 수행으로 명성이 난 스님이 사는 곳이니 드나드는 제자도 많을 게고… 곧 상당한 위세를 갖춘 문중을 상징한다. 비슷한 맥락에서 고매한 스님들이 고작 고양이 한 마리 때문에 으르렁대

42

지는 않았을 듯싶다. 절 안의 패권 또는 인사를 둘러싼 이해관계 아니면 제법 묵직한 공양미나 값나가는 시주물에 대한 은유로도 여겨진다. 남전의 칼부림은? 부처님의 가르침을 받들어 무소유를 실천한다고 떠드는 녀석들이 물건과 자리에 연연하다니!

이번엔 불성론佛性論에 따른 뜻풀이. 《종용록》의 원문 뒤에 붙은 착어着語가 모순을 풀어낼 실마리를 살짝 제공한다. '그대들이 숟가락을 잡고 젓가락을 놀리는 동작에서 눈치챌 수만 있다면 고양이를 벤 일과 짚신을 머리에 이고 간 일 사이에 차이가 없다는 도리를 쉽게 알 것이다.' 엇갈리는 두 행위는 서울에서 구두 고쳐 먹고사는 김 씨와 뉴욕에서 공무원 생활하는 존슨처럼 전혀 딴판인 관계인 듯하지만, 알고 보면 동격이라는 것이다. 숟가락을 잡고 젓가락을 놀리는 동작은 무감하게 벌이는 일상사다. 본능이고 무심이란 지적이 실마리다.

고양이를 베는 일이나 짚신을 머리에 이는 일이나 마음에 생각과 판단을 섞지 않는다면, 똑같이 무색무취한 현실이다. 언어로 분별하지 않고 관습으로 예단하지 않고 업식業識으로 지레짐작하지 않는다면. 이런 식의 해석은 어떨까. 고양이를 서로 갖겠다고 설치는 일은, 짚신을 발에 신지 않고 머리에 이는 바보짓과 다를 바 없다는 것. 고양이는 고양이대로 존슨은 존슨대로 그냥 놔둬라. 헛된 명리에 집착하지 마라. 그건 너의 이름과 형상일 뿐, 너는 아니다. 운운. 스스로가 부처임을 망각하고 허튼 수작 말라는 경고.

선사들은 자신의 생명조차 가볍게 여긴 사람들이다. 그들에게 육체는 똥과 오줌, 눈물과 침, 코딱지와 비듬, 각질과 피지를 잔뜩 짊어진 가죽부대에 지나지 않았다. 단순해서 용감했고 무식해서 깨끗했다. 진리를 위해 목숨을 버리는 위법망구爲法忘驅를 장난처럼 즐겼다. 아끼던 수좌首座가 깨달음을 증명하겠다고 앉은 채로 죽어버리자, '앉아서 죽으나 서서 죽으나 그게 대수냐'며 손가락질하던 당말唐末의 구봉도건九峰道虔 선사는 알맞은 사례다. 나병에 걸린 여인과 며칠 밤낮을 지낸 구한말 경허성우鏡虛惺牛 선사의 일화 역시 유명하다.

만약 고양이를 정말 죽였다면 양상을 달리 봐야 할까. 남전을 희대의 파계승이라 욕하면서, 수갑을 채우고 곤장을 치는 게 능사일까. 연기緣起. 인연에 의해 생성된 모든 것은 언젠가는 끝장을 보게 마련이다. 비교적 빠른 파멸과 비교적 늦은 파멸, 조용한 파멸과 조금 시끄러운 파멸이 있을 뿐이다. 물질적 현상이든 정신적 관념이든 마찬가지다. 물론 윤리는 세상의 온당함을 위해 반드시 존중되어야 할 가치다. 죄를 물어야 하고 벌을 내려야 한다. 하지만 연기론에 입각하면 죄를 추궁할 수 없다. 죄의 실체가 이미 사라지고 없기 때문이다.

살인을 했다손 살인이란 현상은 살인하는 순간에만 국한된다. '잔인한 죄악'이라는 도덕적 가치판단을 배제했을 때 살인은 삶 속에서 일어난 특정한 행위에 불과하다. 살인자를 옥에 가두고 교수대에 세운다 해도, 그것은 지

나간 사실을 의미론적으로 소급해 적용한 결과다. 단죄는 죽은 자의 억울함
과 살아남은 자의 슬픔을 보상하기 위해 단연코 필요하다. 다만 도덕의 범
주에서나 유효할 뿐이다. 진실의 범주에서 죄는 원천적으로 성립되지 않는
다. 패륜아를 용서할 수 있고 연쇄살인마도 부처가 될 수 있는 이유다. 남전
을 위한, 약간은 위험한 변명이다. 더불어 아직까지 목숨의 하수인으로 살아
가는 자로서는, 이쯤에서 말을 삼가게 된다.

    남전 선사의 이름은 웬일인지

    '南泉(남천)'이라 쓰고 '남전'이라 읽는다.

    아깽아, 너에게도 이런 기적이… .

닛폰 스타일

이런 「사쿠라」 같은 경우가

법당 안의 흡연실

1분 앉으면 1분 부처.
니시지마 와후[西嶋和夫]

주말엔 누워서 지낸다. 소파와 뒤엉켜 한가롭게 시간을 마셔버리는 게 '여가선용'이다. 가뭄에 콩 심듯 책을 보며 인생의 길을 찾고, 가뭄에 굵듯 텔레비전을 보며 세상의 환幻에 취한다. 한밤중은 대개 메이저리그 중계 시청으로 탕진한다. 불교TV까지 기웃거린 새벽녘, 리모컨으로 채널을 이리저리 휘젓는다. 가끔 일본의 여러 볼거리와 맛집을 소개하는 방송이 걸린다. '화려하면서도 정갈하다', '인공과 자연의 콤비가 완벽하다', '가장 동양적이면서도 가장 서양적이다' 운운. 일본의 풍광엔 형언하기 힘든 아우라가 있다. 식민지배에 대한 민족적 반감을 상쇄하고도 남음이 있다. 마약도 아닌 것이 교묘하게 사람을 홀린다.

다만 리포터들의 가식적인 대화는 귀에 거슬린다. '나는 당신에게 친절하기 위해 태어났다'는 듯 달뜬 억양엔, '나를 계속 귀찮게 하면 참다못해 너를 죽어버릴지도 몰라'라는 복심이 묻어난다. 그렇다고 루스 베네딕트Ruth Bene-dict의 《국화와 칼》을 읽은 티를 낼 것까지는 없다는 생각. 이색적인 말투를 '평화를 사랑하면서도 전쟁을 숭상하는' 극단적 양면성의 증거로 제시한다면 건강부회다. 단순히 일본어의 특성과 일본인만의 구강구조가 만들어낸 '비자발적' 결과일 수도 있다.

　《국화와 칼》은 태평양전쟁 막바지, 일본 점령을 목전에 둔 미美 국무부의 의뢰로 작성한 일종의 보고서다. 효과적인 통치를 위해 일본인들의 국민성을 떠보자는 심산이었다. 그러나 진주만 공습의 참상과 공포, 적개심에 물든 이성理性은 왜곡과 과장, 일반화의 오류에 감염되기 쉬웠을 것이다. 어느 시인 말마따나 급하면 '나뭇잎조차 무기로 사용하는' 게 인간이다. 사람이라면 누구나 국화의 잔가지를 쳐내는 재미 이상의 것을 칼에게 요구하게 마련이다. 무슨 짓이든 벌일 수 있을 만큼 확실한 문명을 가진 게 사람이고, 폭력은 국적을 가리지 않는다. 여하튼 나의 일상은 그들과 별 관계없이 흘러간다. 꽃꽂이를 즐기지 않으며 과일은 주로 아내가 깎는다.

　2008년 한일불교문화교류대회 취재차 5일간 홋카이도北海島에 머문 적이 있다. 일본 조동종曹洞宗의 본산인 중앙사中央寺는 1873년에 창건됐다. 삿포로 도심 한복판에 있는 절이다. 법당과 요사채가 복도로 연결된 구조다. 곧 밖으로 나가지 않아도 가옥과 가옥을 옮겨 다닐 수 있다. 비가 많이 내리는 기후에 대응하기 위한 조치란다. 내부는 일본인들이 없으면 못 산다는 다다

미방이다. 오색찬란한 불단佛壇엔 부처님께 공양하는 밥인 마지摩旨가 놓였다. 한국과 일본 불교의 문화적 차이를 일러주는 밥이다.

큼지막한 놋그릇에 쌀밥만 수북하게 담아 진상하는 우리의 풍습은 상징성이 부각됐다. 부처님의 거대한 법력을 경배하면서, 보시의 푸짐함과 애틋함을 에둘러 표현한다. 이른바 한국의 정情과 '밥이 보약'이란 해묵은 정서까지. 반면 일본의 마지는 실제적이다. 개다리소반에 밥 한 공기와 너덧 가지의 찬을 낸다. 금방이라도 먹을 수 있는 진짜 식사다. 아울러 당구공만한 밥에 갓난아기 주먹만 한 찬. 일본인들의 소식 습관을 반영한다. '관념적 예경'과 '실용적 생활'이란 두 개의 상반된 가치가, 공존하는 듯 뒤죽박죽된 느낌이다. 무엇보다 법당 실내 한구석에 마련된 '흡연실'은 그야말로 일본적이다.

동국대학교 출판부에서 펴낸《1분 앉으면 1분 부처》라는 책은 좌선坐禪의 중요성에 관한 설파를 담았다. 조동종을 창시한 13세기 승려 도겐道元의 정신을 계승했다. 저자인 니시지마 와후는 말년에 머리를 깎았다. 출가出家라고 표현하기 애매한 게, 멀고 먼 산중의 절로 몸을 숨기는 일이 아니기 때문이다. 더불어 가족과 재산을 포기하지 않아도 되는, 비교적 녹록한 선택이다. 일본은 아들이 아버지의 사찰을 물려받거나 스님이 고깃집을 운영해도, 그다지 화제가 되지 않는 나라다. 대처승 관습 덕분이다.

동경대 법대 출신의 30년 '증권맨' 니시지마는 스님이 되기 전부터 좌선에 관심이 많았다. 선가禪家 고유의 정결과 검소, 탐구의 자세를 경영에 접목해 유명해졌다. 사찰 주지이자 대기업의 고문이라는 특별한 이력의 내막이기도 하다. 사실 일본에는 현직에서 물러나 승려로서 여생을 보내는 오피니언 리더들이 상당수 존재한다. 조금 색다른 은퇴 설계 혹은 고도로 숙련된 명예욕이랄까. 이룰 것 다 이루고 누릴 것 다 누린 뒤에 말하는 '무소유'는, 부러우면서도 불쾌하다.

한 생각이 말했다
'내 목이 어디로 갔지?'

무사도란 죽음을 발견하는 것.
《엽은葉隱》

일본인들의 과잉 친절은, 사무라이(侍)들로부터 목숨을 부지하기 위해 시종일관 굽실거리던 공포의 세습이란 짐작. 가마쿠라 막부幕府가 성립되면서 일본은 본격적인 무인정권의 시대에 접어들었다. 조정의 힘은 약화됐고 천황조차 칼잡이들의 눈치를 봐야 했다. 사무라이들은 윗사람을 보호하고 아랫사람을 살육하는 방식으로 지위를 보존했다. 살인은 일상이었고 합법이었다. 이들의 비호로 무럭무럭 성장해온 불교계 역시 살생에 함구하면서 화를 면했다.

천하를 거머쥔 사무라이들은 새로운 시대에 맞는 새로운 불교를 원했다. 호넨法然이 연 정토종淨土宗이 대표적이다. 호넨은 무사의 아들이었다. 그는 '나무아미타불'을 열심히 외기만 하면 누구나 부처가 될 수 있다고 주장했다. 그의 제자 신란親鸞은 승려의 대처帶妻를 금하는 계율마저 깼다. 심지어 경건한 부부생활이 성불成佛을 가져다준다고 꾀었다. 일본불교는 자신을 믿고 따르며 보호해주는 중생들을 결코 홀대하지 않았다. 설혹 부처님에게 등을 돌리는 한이 있더라도.

특히 무사들은 선禪에 각별한 애정을 보였다. 무사도의 교과서인《엽은葉隱》이나《오륜서五輪書》는 단순한 폭력이 아닌 마음의 수양을 강조하고 있다. 칼은 잊을 만하면 찾아오는 대지진과 함께, 삶의 무상無常을 가르쳐주는 매개였다. 선禪도 무사들의 든든한 친구였다. 무상이 삶의 진면목이란 덕담으로, 끊임없이 죽음을 강요하거나 감내해야 하는 이들의 원초적인 불안을 위로했다.

막부의 주인은 부단히 바뀌었지만 칼의 권세는 견고했다. 무사들은 복잡한 사유와 형식을 거부한 채 단박에 깨치려는 선사들을 '멘토'로 삼았다. 활인검活人劍의 교훈을 빌미로, 잔인을 꾸몄고 무모를 가렸다. 활活이냐 살殺이냐에 따라 까마득하게 달라지는 감정과 처지는 고려하지 않았다. 한 생각 끊으면 부처가 된다는 믿음으로, 베거나 베이면 그만이었다.

중국인들은 선禪을 '찬Chan'이라고 읽는다. 불교가 태동한 인도에서는 '디야나Dhyāna'. 한국의 조계종은 '선Seon'이란 이름으로 간화선을 해외에 알리기 위해 노력하고 있다. 하지만 세계적으로 선은 일본어 발음인 '젠Zen'이라고 불린다. 팔 할은 스즈키 다이세쓰鈴木大拙 덕분이다. 그는 1910년대부터 유럽과 미국을 순회하며 선과 일본문화를 강연, 세계적인 불교학자로 떠올랐다. 백인들은 서양의 이성에선 찾아보기 힘든 직관과 비움의 미학에 매혹됐다.

오늘날 세계에서 가장 유명한 스즈키는 메이저리그에 빠르고 세밀한 일본야구를 선보인 스즈키 이치로다. 20세기의 스즈키는 미국인들에게 선의 종주국이 일본이라는 인식을 심어줬다. 아쉽게도 그때는 '박찬호'와 같은 존재가 없었다. 일본의 불교학자들은 '불교는 인도에서 싹터 중국에서 꽃을 피운 뒤 일본에서 열매를 맺었다'는 제국주의적 발언을 거침없이 내뱉고 즐겼다. 알다시피 한국은 그저 외양간의 소똥에 붙은 파리 정도로 여겨지던 시절이다.

이겨서 다 갖거나, 져서 죽거나

선禪과 전戰이란 글자에 공통된 것은 단單이다.
누구든지 어떤 때에도 오직 하나다.
이시다 고쿠류石田光龍 선사의 태평양전쟁 당시 잡지 〈대승선〉 기고문

홋카이도가 일본사에 편입된 때는 메이지유신 직후인 1869년이다. 천황의 특명을 받은 개척사開拓使들은 가오리처럼 생긴 섬의 면면을 살피며 이용가치를 셈했다. 우선 황금어장이 있었고, 무엇보다 러시아의 사할린과 마주해 북벌의 거점으로 삼기에 좋았다. 섬은 서울의 강남과 같이 철저한 계획도시로 꾸며졌다. 바둑판을 본떠 땅을 갈랐고 유럽과 미국의 건물을 베껴 지었다. 붉은 벽돌을 차곡차곡 쌓아 만든 삿포로맥주 공장과 옛 도청 청사에서는 탈아입구(脫亞入歐, 아시아를 극복하고 유럽과 어깨를 나란히 한다)의 열망을 볼 수 있다.

메이지유신의 산물인 신新헌법은 신불분리神佛分離를 선언했다. 천황을 부처님으로부터 떼어놓아 독자적인 신성과 권위를 부여하는 대신, 부처님은 몇

단계 강등시켰다. 사무라이들은 결코 천황에게 칼끝을 거누지 않겠으며 열도의 바깥에서만 성질을 부리겠다는 암약暗約으로 칼을 지킬 수 있었다. 억조창생은 천황 앞에 정렬해 엎드렸고 일사불란하게 움직였다. 아시아에서 유일하게 근대화에 성공했다는 긍지는 무력과 자본을 만나 광기로 번성했다. 신정부의 목표는 일본의 입지를 천신天神 아마테라스 오카미의 후손인 신무천황의 성세로 되돌려놓는 것이었다. 신의 나라.

천황의 실체는 완벽하게 은폐됐고 말씀과 장식으로만 대중 앞에 섰다. 러시아를 물리치고 한반도를 훔쳤을 때 그들은 '까라면 까'의 위력을 실감했다. 1차 세계대전에서 승전국의 지위를 획득하고 1940년 올림픽을 유치하게 됐을 때 신국神國은 낙원의 입구까지 도달했다. 그러나 바벨탑은 거기서 무너졌다. 천황은 맥아더라는 강한 인간 앞에서 본디 자신은 나약한 인간이었음을 실토해야 했다.

살아남기 싫은 자들은 할복으로 천황에게 용서를 빌었고, 살아남고 싶은 자들은 새롭게 등장한 강자에게 충성을 맹세했다. 다만 이전보다 훨씬 완곡하고 신사적인 방식으로. 각각 샌프란시스코 자이언츠, LA 다저스, 신시네티 레즈의 유니폼을 복사한 듯한 요미우리 자이언츠, 주니치 드래곤즈, 히로시마 카프의 유니폼(지금은 달라졌지만). 또한 유니폼에 선수 이름을 자국어가 아닌 영어로 표기한 점에서도 입구入歐의 새로운 버전인 입미入美를 본다. 그리고 '메쿠도나루도Mcdonald'. 태생적으로 안 되는 발음을 꾸역꾸역 입 안에 밀어넣는 노력은, 카멜레온의 화려한 만큼 고달픈 변신을 닮았다. 살아보겠다고, 껍데기로라도 살아보겠다고.

생존에 대한 관심은 국적뿐만 아니라 역사도 가리지 않는다. 1917년 조선총독부에 의해 일본불교 시찰단이 최초로 파견됐다. 〈조선불교총보〉의 기자로 동행했던 모 스님은 도쿄의 정경을 보고 문화적 충격을 받았다. "승강기로는 도솔천궁을 십 분의 일이나 갔다 오고, 비행선으로는 극락세계를 이 분의 일이나 갔다 온 것 같다"며 얼얼한 기분을 표현하고 있다. 문명이 곧 부처님이었던 것이다. 세상의 환幻에 취해 있던 한국불교계의 단면이다.

우리의 근대는 외세에 의한 근대였고 습격당한 근대였다. 정신을 차렸을 때 나라는 이미 남의 손에 넘어간 뒤였다. 그러나 증오하고 거부하기에 외세는 너무나 아름답고 강했다. 물 건너온 것들에 대한 동경은 유행이 바뀌고 정권이 갈려도 움츠러들지 않는다. 영어英語가 영어圄圍해 버린 학교, 카드빛 눈부신 청담동 명품거리. 그러니 불성佛性은 입시 얻어먹기도 버겁다.

벚꽃이 떨어질 때 세상은 아름답다.
누군가 죽어줘야 또 누가 산다.

초연

누구나 밥을 먹지만 내가 밥을 먹는다

존재감과 영향력

문득 부처님의 호된 꾸지람을 들었으니, 남의 보배 세어봐야 무슨 소용인가.
영가현각永嘉玄覺, 《증도가證道歌》

기자는 남의 말을 받아 적는 일로 밥벌이를 하는 사람들이다. 객관적인 현상에 대한 보도 역시 '남의 사事'에 관한 기록이다. 나의 화복禍福과 희비喜悲를 기사에 노골적으로 드러냈다가는 시말서나 쓰기 십상이다. 남이 입만 뻥끗거리기를 기다리며 꼬박 10년을 살았다. 남들의 꿍꿍이를 파헤치거나 남들의 됨됨이를 미화해준 대가로 월급을 받았다. 인생을 돌이켜보면 나를 위한 일이거나 내가 원한 일은 거의 돈이 되지 않았다.

조직의 한정된 수익과 지위를 여러 사람이 나눠 먹으려니 싸움이 나고 '라인'이 생긴다. 긴 세월을 콧구멍으로 먹은 건 아니어서, 이런저런 비영리적인 지혜도 터득했다. 이를테면 지구상에 권력과 이익으로부터 자유로운 집단은 없다는 것. '운칠기삼運七技三'이란 속설이 화투판에서나 떠돌다 말아야 할 빈말은 아니라는 것. 눈치가 밥 먹여준다는 것. 속마음을 들키지 않으려는 속

마음 탓에 제풀에 지친다는 것. 참 쓸쓸하다는 것.

'배워서 남 주느냐'는 해묵은 채근을 들을 때마다 늘 고깝다. 배워서 남 주는 게 인생이기 때문이다. 뭐든 익혀서 남에게 보여주거나 쥐여줘야, 목구멍에 풀칠이라도 할 수 있다. 영업사원은 팀장에게 성과를 쥐여줘야 깨지지 않고, 청소부는 부녀회장에게 깨끗한 아파트단지를 쥐여줘야 타박을 면한다. 시장에든 체제에든 자신이 보유한 지식과 기술을 내다 팔아야 하는 게 현대인의 운명이다.

지식과 기술을 보태고 다듬기 위해 학교에 가고 과외를 받으며, 훗날 자녀를 학교에 보내고 과외를 시킨다. 외모도 경쟁력을 좌우한다. 이목구비가 엉망이어도 타고난 얼굴만 작으면, 마음을 놓아도 되는 시대다. 돈이 살도 빼준다. 요컨대 자신이 지닌 '앎'과 '-질'과 '꼴'을 남들이 얼마나 인정해주느냐에 따라 몸값이 결정된다. 존재감과 영향력을 향한 열망은 권장되고 세습된다.

인간은 살 만할 때나 인간일 수 있다

장 씨도 기름을 짜고 이 씨도 기름을 짜지만,
혼신의 힘을 쓰진 않고 하는 둥 마는 둥.
《총림성사叢林盛事》

헌병대 복무 시절, 영창에 수감된 미결수들을 군사법정으로 호송하곤 했다. 군무이탈자, 곧 탈영병의 양형量刑에는 두 가지 원칙이 있었다. 우선 도망자가 검거됐느냐 자수했느냐에 따라 형량이 확연히 달라진다. 부대를 뛰쳐나간 이유가 무엇인지도 처벌의 수위에 영향을 미친다. 아버지가 사업에 실패했거나 혹은 어머니가 갑자기 몸져누웠거나 운운, 효孝를 실천하기 위한 결행인 경우엔 섭섭지 않게 정상 참작을 해줬다. 반면 여자친구가 너무 보고 싶어서 또는 바람난 여자친구를 잡으러 나간 것이라면 어림 반 푼어치가 없었다. 하긴 중년의 가장家長 일색인 판사들에겐 무척 나약하고 유치한 일로 보였을 법도 하다.

문제는 열에 여덟이 '애인 변심' 때문에 무모하게 담을 넘는다는 것이다.

고무신을 다시 신기려다 외려 발길질만 당한 청춘들은, 아예 인생에서의 탈영을 저지르기도 한다. 세상의 반은 여자라는 둥 죽을 용기가 있으면 더 열심히 살라는 둥 '반듯한' 충고들은 이들에게 씨알도 먹히지 않는다. 인간은 살 만할 때나 인간일 수 있다.

휴가 나온 이등병이 여인숙 쪽방에서 목을 매 자살했다는 속보가 예하부대에서 올라왔었다. 그는 '누네띠네' 과자상자에 삐뚤빼뚤한 글씨로 도망간 여자에게 연서戀書를 남겼다. 징징대는 문장에 다들 낄낄댔다. 한 사람의 절절한 사연과 변사는 건조한 군 생활을 달래는 마른오징어로만 기능했다. '그'의 죽음은 '그들'에게 가서 개죽음이 되었다.

끼니 걱정 한 번을 안 해본 '갑甲'이 이런저런 통계와 풍경만 훑어본 뒤 '을乙'의 민심을 알았다고 자부한다. 야간자율학습은 구경도 안 해본 갑이 을의 성적을 못마땅하게 여긴다. 갑의 편안한 '라운딩'을 위해 을은 억지로 군가를 부르며 풀을 뽑으러 출정한다. 그게 덕치고 그게 훈육이고 그게 작전이란다. 서로 소통하고 화해하기엔, 이들에게 주어진 목숨의 가격이 너무도 다르다.

'죽 쒀서 개 주기'의 쓸쓸함

공부가 완성되기 전에 남에게 자랑하고
한낱 말재주나 부려 서로를 이기먹으려 한다면,
이는 변소에 단청을 하는 것과 같다.
《선가귀감禪家龜鑑》

법法 · 술術 · 세勢. 한비자韓非子가 말한 통치의 3요소다. 그는 백성은 법으로 신하는 술로 다스리라고 군주에게 간언했다. '공개적이고도 세밀하며, 푸짐하면서도 잔인한 상벌의 집행으로 임금 고맙고 무서운 줄 알게 하시라. 능력에 합당한 벼슬을 주되 실적을 끊임없이 독촉해 승진에 대한 기대와 좌천에 대한 불안을 심어주시라'는 게 요지다. 무엇보다 왕에겐 세가 중요하다. 자고로 누구에게나 언제 어디서든 무서워야 한다는 것이다.

어질기만 했던 요堯 임금이 일개 필부였다면, 세 사람도 통제하기 힘든 '찌질이'로 전락했을지 모를 일이다. 걸왕桀王이 나라를 시원하게 말아먹을 수 있었던 이유 역시 감히 아무도 악정을 탓하지 못할 '카리스마'를 가졌기 때문이다. 법과 술을 엄혹하고 교묘하게 시행할수록, 세는 자연스레 강하고 두터워진다. 철저히 군주의 권력과 행복에 초점을 맞춘 사탕발림이다. 한비자는 어심御心이 자칫 불쾌하거나 성가시게 느낄 수 있는 인仁이나 덕德은 일절 이야기하지 않았다.

한비자는 순자荀子 아래서 공부했지만 스승처럼 무턱대고 인간의 성악性惡을 주장하진 않았다. 다만 견물생심을 솔직하게 말했을 따름이다. 이해관계 앞에서 한없이 격해지는 사람의 마음을 어떻게 추스르고 주무를 것인가. 궁극적으로 최소한 임금은 열외로 하더라도, 가진 자들의 즉흥적이고 비상식적인 폭압과 비리를 어떻게 제도적으로 잠재울 것인가. 결국 민초들에 대한 '속정'도 엿보인다. 공부깨나 한 군자君子란 치들이 공론과 덕담이나 일삼던 시대에 단연 발군이었다.

아쉽게도 출중한 기技를 받쳐줄 운運은 만나지 못했다. 한비자는 전국시대 7웅雄 가운데 가장 국력이 형편없던 한韓 출신이었다. 다행히 훗날 중국을 통일하고 시황제가 되는 진秦의 임금 정政의 눈에 들어 유세할 수 있는 기회를 얻었다. 그러나 심각한 말더듬이라는 게 한비자의 또 다른 약점이었다. 진시황은 중언부언과 횡설수설을 입에 물고 말하는 꼬락서니가 영 마뜩지 않았다. 한비자와 동문수학한 뒤 진시황의 책사로 일하던 이사李斯가 실망한 보스의 가슴에 기름을 끼얹었다.

'어쨌든 난놈은 난놈인데, 저 녀석이 귀국해 한韓을 돕게 되면 혹여 큰 화가 되지 않을까요?' 진시황은 득달같이 한비자를 옥에 가두고 사약을 내려보냈다. 남의 눈빛과 헛바닥만 응시하고 살다가 잘못된 최악의 케이스 가운데 하나다. 나중에 진시황은 한비자의 사상을 제국의 이데올로기로 채택했다. 제대로 '배워서 남 준' 격이다. 권력은 사람의 지식과 기술을 탐할 뿐 사람 자체를 원하진 않는다.

나답게 나답게 나답게

내 소망은 단순하게 사는 일이다. 그리고 평범하게 사는 일이다.
느낌과 의지대로 자연스럽게 살고 싶다.
그 누구도, 내 삶을 대신해서 살아줄 수 없다.
나는 나답게 살고 싶다.
법정 스님, 《오두막 편지》

부처님은 삼법인三法印을 통해 삶이 슬픈 이유를 한 방에 정리했다. '모든
것은 인연에 따라 변한다(제행무상).' '모든 존재는 인연에 의해 종속돼 있다(제
법무아).' '그러니까 사는 게 괴롭다(일체개고).' 요컨대 '영원히' '혼자서' 살 수 있
다면 밥을 먹지 않아도 된다. 인간관계에 연연할 필요도, 종교를 믿어야 할
필요도 없다. 그 자체로 완전하니까. 하지만 평생 남에게 의지하거나 남을
이용해야 하는 게 이 땅에 사는 생명들의 숙명이자 굴레다. 남들이 만들어놓
은 문명과 제도에 부대끼며 이익을 챙기고 손해를 덜어야 하는 '수 싸움'의
어려움.

이태 전, 존재의 질서를 해치는 일이라곤 나무하고 물 긷는 일이 전부였다

는 스님이 입적했다. 상당수의 자살과 이혼을 막았던 저작의 맑고 향기로움, 국민들로부터 '가장 존경하는 종교인 1위'로 뽑혔던 전력 때문에 요란한 상례喪禮가 예견됐다. 하지만 삶이 조촐했던 만큼 죽음도 질박했다. 당신은 죽음을 조용히 즐기길 원했다. 일체의 의례와 기념사업을 거부하고 살아온 몸 그대로 돌아갔다. 생을 다하는 날까지 세상을 흔들지 않기 위해 부심했던 것이다. 적멸의 풍경은 장기기증입네 열반송입네 어수선하지 않았다. 아울러 무엇이든 베풀고 죽는 것이 성직자의 미덕이라면, 무엇이든 내려놓고 죽는 것이 수행자의 미덕임을 일깨웠다. 성직자는 신神에게 돌아가는 것이기에 어쩔 수 없이 '스펙'이 요구된다. 반면 수행자는 그냥 가면 그만이다. 무無로 돌아가는 거니까.

남의 보배나 세면서 살지 않으려면 고독과 빈곤을 감수해야 하리란 답답함. 오두막에서 생쌀이나 씹어야 일체의 야합과 타협으로부터 벗어날 수 있지 않을까. 그렇다고 빚을 내서 중대형 아파트를 구입하고 사교육비를 대기 위해 대리운전을 뛰면서 '나는 중산층'이라는 긍지를 이어가기도 겁난다. 그 길의 끝이 어딘지 빤히 알면서도 열심히 무덤을 파긴 싫다. 달콤한 문명과 익숙한 제도를 포기할 순 없어 내린 차선책. '조그맣게 그러나 단단하게 살자.'

군대에서 '석방'되면서, '할 수 있는 것'과 '할 수 없는 것'을 흔연하게 가를 수 있다면 삶이 한결 평화로워지리라 생각했다. 열정과 체념의 적절한 분배. 스스로를 아끼는 동시에 남으로부터의 상처를 줄이는 해법이란 신념은 여전히 견고하다. 이를테면, 내게 주어진 길은 반드시 걷는다. 누가 뭐래든, 간다. 필요하지 않은 것은 소유하지 않는다. 단출하지만 단단하게, 묽지만 맑게. 웬만하면 새 인연 만들지 않고 묵은 인연은, 그냥 방치하고. 몇 마디 더 덧붙인다면, 선善을 기뻐하되 부러워하지 않는다. 악惡을 증오하되 분노하지 않는다. 세상을 존중하되 신뢰하지 않는다. 누구나 밥을 먹지만 내가 밥을 먹는다.

사람이 죈가, 생사生死가 죄지.

말

닥
치
고
「
본
성
」
사
수

말이 적을수록 태평한 세상

차나 마셔, 걍!

《조주록祖州錄》

　　말은 생각의 그릇이다. 사람은 언어에 사유를 담아 자기가 먹거나 남들에게 나눠준다. 혼잣말을 할 때에도 철학을 할 때에도 언어가 필요하다. 생각의 깊이가 웬만한 사상가 뺨치더라도, 말로 나타내지 않으면 벙어리 취급이나 받기 십상이다. 밥 없이 못 살듯 말 없이 못 산다. 거래를 트기 위해 속삭이고 이익을 가르기 위해 지껄인다. 아버지를 아버지라 부르며 유산을 요구하고, 형을 형이라 부르며 동네 깡패들에 대한 복수를 당부한다.

　　젖먹이는 요람에서 벗어날 요량으로 말을 하고, 늙은이는 좋은 무덤을 써달라는 소원으로 말을 한다. 끊임없이 육지와의 교신을 시도하는 난파선처럼, 주야장천 말을 주고받으며 삶의 파고를 타넘는다. 강한 송곳나 맹독을 신체에 장착하지 못한 인간에게 말은 칼이고 덫이다. '눈에 넣어도 아프지 않을 자기야…'와 '갈아 마셔도 시원찮을 놈아!'. 서로 겸상하지 못할 글줄인 듯해도 의미의 내막은 엇비슷하다. 나 좀 알아달라는 속셈이다.

'인평불어 수평불류人平不語 水平不流.' 2008년 8월 27일 열린 범불교도대회 당시 회자되던 격언이다. 고위 공직자들의 마구잡이 종교편향, 개신교 인사 중심의 권력 카르텔 추진에 끼얹은 찬물인데, 이제 와 다시 봐도 시원하다. '사람 사는 세상이 평등하면 원망의 말이 없고, 수면이 평평하면 한쪽으로 물길이 쏠리지 않는다'는 뜻이다. 대구對句는 한결 날카롭다. '수가재주 역가복주水可載舟 亦可覆舟.' '물은 배를 띄우기도 하지만 배를 뒤집을 수도 있다'는 으름. 물에 민심을, 배에 국가를 대입하면 혁명에 대한 경고로 읽힌다.

백성들의 불만이 많을수록 임금의 입지는 위태로워지고, 말이 많은 세상일수록 난세라는 것이다. 그런데 뒤집어보면, 말이 적은 세상일수록 태평하다는 얘기가 된다. 분배와 조정이 넉넉하고 푸근한 사회에선, 구태어 목젖이 붓도록 '내 몫'을 요구하지 않아도 되니까. 곧 말 많은 것들의 말들에선, 처지의 힘겨움과 속내의 역겨움을 엿볼 수 있다. 개인적으로 남들의 몫까지 일일이 챙겨줄 수 없는 신세다. 그저 어지간하면 말을 아끼며 일상을 버티는 게, 내가 주변에 봉사하는 방법이다.

세상의 절반을
폐허로 만드는 방법

우리 종문宗門에는 말이나 문자가 없다.
사람들에게 아무런 가르침도 주지 않는다.
덕산선감德山宣鑑, 《오등회원五燈會元》

조주구자, 조주백수, 조주끽다, 조주세발, 조주무난, 조주문도, 조주분소, 조주양화…. 조주종심趙州從諗 선사가 주인공인 선문답 가운데 알짬만 추려도 이만큼이다. '개에겐 불성佛性이 없다'는 조주구자趙州狗子는 오늘날 한국의 선원에서 가장 영향력 있는 화두로 손꼽힌다. 부처님은 발톱의 때 같은 미물조차 부처가 될 수 있다고 가르쳤는데, 선사는 무슨 억하심정에선지 유독 개에게는 깨달음을 기대하지 말라며 손사래를 쳤다. 조주백수趙州柏樹는 전통 찻집의 상호명이나 블로그의 문패로 심심찮게 이용되는 '뜰 앞의 잣나무'를 이른다. 누군가 진리에 대해 묻자 뜬금없이 마당에 서 있는 나무 한 그루를 가리켰던, 역사적인 '동문서답'이다. 조주의 '포스트모던'한 말 씀씀이는 으레 구순피선口脣皮禪으로 불린다. 입으로 선을 가지고 놀았다는 것인데, 장광설

과는 전혀 다른 성격의 달변이었다. 그의 말들은 하나같이 짤막하고 건조했다. 남들의 마음을 쥐락펴락하는 데 필요한 문장은 한두 마디면 족했다.

누군가 도道에 대해 물으면 매우 쉽다면서도(무난, 無難) 막상 도를 향해 나아가고자 하면 헛수고라며 말렸다(문도, 問道). 잠자코 차나 마시거나(끽다, 喫茶) 밥그릇이나 닦으라고 타일렀다(세발, 洗鉢). 5년이 넘도록 아직도 도에 대해 설명할 줄 모른다고 잡아뗐고(분소, 分疏) 심지어 부처님이 계신 곳엔 얼씬도 하지 말라(양화, 楊花)고 다그쳤다. 지극히 경제적인 입담으로, 깨달음에 연연하면 혀를 찼고, 부처님을 그리워하면 혼을 냈다. 마음에 글자를 새기거나 의미를 덧씌우지 말라고 가르쳤다. 분별하지 않으면 선악善惡과 미추美醜, 청탁淸濁과 성속聖俗, 정사正邪와 우열優劣이 한통속으로 모여든단다. 마음에 줄을 긋는 순간, 세상의 절반은 폐허가 된다.

내 귀에 티끌

마당을 쓸고 있는데 어떤 객승이 물었다.
"화상은 대선지식이신데 어째서 마당을 쓸고 계십니까."
"티끌은 바깥에서 들어온다."
"이미 청정한 가람인데 어째서 티끌이 있습니까."
"티끌이 또 한 점 생겼구나!"
《오등회원》

조주 선사는 무심無心으로 청소를 하고 있었다. 비질을 한다는 생각도, 비질을 하고 있는 내가 있다는 생각도 없다. 행위와 자아가 일치된 상태다. 곧 부처의 마음으로 일하고 있었던 것이다. 이때 평화를 깨는 불청객. '화상和尙'이라는 존칭대명사와 '청소'라는 목적어로써 선사의 상태를 주체와 객체로 갈라놓는다. 그 사이로 번뇌가 질질 새기 시작한다. 머지않아 세탁소에 맡겨도 어림없는 지경에 이른다.

객승은 한술 더 떠 '화상은 대선지식인데 어째서 마당을 쓸고 있느냐'며 비위를 긁는다. 표면적으로는 안타깝다는 의미다. 하지만 번뇌가 옷을 다 버려났기에 곱게 봐주기가 어렵다. '지체 높으신 분이 왜 허드렛일 따위나 하고 있느냐'는 비아냥거림으로 들린다. '청소를 하고 있는 자기 자신'이라는 자의식, '절이 깨끗해지고 있다'는 보람과 함께 '큰스님인데도 제대로 대우받지 못한다'는 불쾌감, '아랫것들은 다 어디로 도망갔느냐'는 분노 등등 분별망상의 물꼬가 터진다.

'티끌은 바깥에서 들어온다'는 넋두리의 이유다. 그럼에도 객승은 따귀를 부르는 언행을 멈추지 않았다. 절밥을 계속 얻어먹기엔 눈치가 백치다. 순리로 둔갑해버린 이 땅의 생리처럼, 눈에 보이는 청결에만 혈안이 된다. 마음에 묻은 티끌이 절 안을 뒹구는 티끌보다 더럽다는 것을 도통 깨치지 못한다. 그러니 한 소리를 더 듣지. 큰스님, 몸져눕겠다.

녹차의 최대 효능

법좌에 올라 외치길,
"봐라! 보라니까! 산승이 발설拔舌지옥에 들어간다."
손으로 혀를 잡아당기며 말했다. "아야! 아야!"
보령인용保寧仁勇, 《오등회원》
발설지옥 : 구업口業을 많이 지은 자가 죽은 뒤 가게 되는 지옥. 혀를 뽑는 형벌을 당한다.

대통령은 말이 적다. 많다 해도 외부에 공개되지 않는다. 훈령과 담화문,
대부분 문건으로 대체된다. 영부인과 아침에 대판 싸웠다거나, 족집게 과외
를 붙여줬는데도 아들의 성적이 신통치 않다든가 등등 비루하지만 진솔한
잔말들은 옆에 있던 보좌관들이 받아먹어 없애버린다. 말들에 넥타이를 채
우고 구두를 신긴다. 특히 공식석상에선 갈고 갈아 몽글몽글해진 말들만 사
용한다. 기자들이 보고 있으면 대놓고 욕하거나, 넋 놓고 울지 않으며, 덮어
놓고 웃지 않는다. 야당은 부디 그의 입에서 잔말이 터져주기를 기원한다.
잔말에 비자금이나 성희롱이 섞여주면 대박이다. 물론 절대 실수하지 않는
다. 감정의 절제와 적절한 어휘 선택에서 권력의 내구성이 가늠된다.

주먹을 함부로 썼다간 패가망신하는 시대에, 사람들은 몇 가지 룰을 정해놓고 권력을 다툰다. 법률과 여론에 대한 존중 그리고 말에 대한 믿음이다. 말로 죽이려는 자들이나 말에 당하지 않으려는 자들이나 말의 위력을 인정한다. 말은 생각을 반영한다는 통념 앞엔 장사가 없다. 말 한마디가 인격 전체를 대변한다고 강조하면서 스스로 조심한다. 바르고 고운 말로 상대를 때려눕힌다. 상대의 입에서 삿되고 거친 말이 나오도록 정중하게 깐죽거린다. 진실이 무엇이든 승패만 결정되면 그만이다.

절친한 사이일 경우 어린 남자들이 서로를 부르는 지시대명사는 욕이다. 오고가는 문자는 'x새끼'인데 이상하게 정이 쌓인다. 맞춤법에 너그럽고 발언의 자구나 배경에 무감하다. 그들의 대화는 권력을 계산하지 않는다. 이후 철이 들면서 체면을 함께 들어야 하는 의무가 생긴다. 지위가 높아질수록 말을 가려서 해야 하는 자리가 잦아진다. 자꾸 내막을 깔고 속셈을 끼운다. 이런저런 색깔의 물감을 섞다 보면 끝내 검은색이 되는 법이다. 이러나저러나 결과는 비슷한데, 다들 고민에 고민을 거듭한 자신의 해법이 정답이라고 난리다. 어투는 반듯한데 재미가 없고, 논리는 치밀한데 감동이 없다. 선사들이 차를 권하는 이유는 매사 이런 식이면 곤란하기 때문이다. 건강에 이로운 녹차의 최대 효능은, 뭐니 뭐니 해도 입을 다물게 한다는 것이다.

'선문답하고 앉았네!' 선문답은 사회적으로 푸대접을 받는 단어다. 대답이 무책임하거나 뜬구름을 잡을 때 주로 활용된다. 구설에 오른 유력인사가 해괴한 변명을 늘어놓으면, 언론이 버릇처럼 가져다 쓰는 관용어가 돼버렸다. 물론 선사들 자신이 원인을 제공한 측면이 있다. 진리에 관한 물음 앞에선 십 중팔구 딴청 아니면 딴소리니까. 도道를 모르는데 모른다고 실토하기가 멋쩍어서? 일리는 있다. 도에 관한 얇은 생각일 뿐이며, 도에 관한 설명은 말일 뿐이기 때문이다. 바람이라는 언어와 바람에 관한 사유가 바람은 아니듯이.

삶이 불행한 이유는 '행복'이 있다고 믿기 때문이다. 행복이란 낱말과 개념에 얽매이면 행복에 종속된다. 실체도 없는 행복을 수치화하려 애쓰며 '적은' 행복에 실망하고 '많은' 행복을 부러워한다. 내가 사는 게 아니라 삶이 나를 산다. 생각이 나를 부리고 말이 나를 조종한다. 우열優劣에 고심하고 미추美醜에 골치를 썩는다. 이런 개인들이 모인 사회엔 대개 고시원과 연예인이 많다.

'진리'가 진리는 아니며 극락은 '극락'에만 있다는 걸 알면서도, 가끔 아름다운 명함을 받으면 또 설렌다. 민망한 마음에 솟아나는 뜰 앞의 잣나무. 누가 봐주든 안 봐주든 무신경한 뜰 앞의 잣나무. 바람결에 혼자서 낄낄대는 뜰 앞의 잣나무. '정해진 길은 없다. 지금 가고 있는 길이 있을 뿐.' 아무렇게나 자라는 뜰 앞의 잣나무. 베면 베이는 뜰 앞의 잣나무. 하늘을 쥐고 흔드는 뜰 앞의 잣나무.

달을 가리키면 달을 봐야지…

어따 대고 삿대질이야!

마음에 줄긋지 마라

「지금 여기 이렇게 생겨먹음」을 예우할 것.

콩을 심으면 콩이 나고, 모든 생명은 죽음과 폭력을 두려워한다.

그 이상의 진리는 없다. 더 있어봐야 머리만 아프고 다툼만 난다.

쓸데없이 속 썩으며 불성佛性을 자해하지 말 것.

거리

「거리」가 너희를 자유롭게 하리라

삶을 다만 관조할 수 있다면

가을비가 가을 숲을 적시니
온통 비취빛이로군.
그대, 어디서 미륵을 찾는가.
양기방회楊岐方會, 《양기록》

이즈막 날씨가 궂었다. 고분고분 더워지나 싶더니 일순 차갑게 토라졌다.
마른하늘이 갑자기 검게 흘러내렸다. 싸움 잘하게 생긴 물들이 콧노래를 흥
얼대며 도시 곳곳의 멱살을 잡는다. 그들이 몰려다니던 길엔 나의 피가 떠다
닐 것이다.

빗소리를 가까이서 들을 수 있다는 건 마당 가진 집들의 행복이다. 발바
닥만 한 마당이라도 지녔다면 즐길 수 있다. 잠시 비좁은 다세대주택에서 전
세를 살 때, 내 방과 옆집 사이의 거리는 채 30㎝가 되지 않았다. 한밤중 그
네들의 PVC 차양에 빗물이 떨어지면, 혼자서 조용히 미치곤 했다. 죽음의 배
경으로 이만한 게 있을까, 자문하면서 기타를 퉁기고 소주를 마셨다.

아파트에선 외벽과 베란다 사이의 이격 탓에 우성雨聲이 엷다. 애당초 닫힌 구조여서 확장공사를 한다손 별무소용이다. 하긴 시야를 트는 데는 효과가 있다. 베란다의 방해를 받지 않고 거실에 앉아 우중의 풍경을 한눈에 빨아들인다. 빗물에 시선을 적시는 일로, 전보다 시시해진 청각의 즐거움을 벌충한다. 흠뻑 젖어서 말랑말랑해진 세상은 한결 만만해 보인다. 비가 내리면 열熱도 내린다. 부쩍 철이 든 동정심이, 툭하면 나서기 좋아하는 적개심을 막아선다. 너도, 나처럼, 아프구나.

전쟁영화를 관람하기 위해 선뜻 지갑을 열 순 있어도, 제 집이 불타고 팔다리가 잘리는 고통을 자청할 사람은 극소수다. 비를 바라보는 일은 언제나 기껍지만, 비를 맞는 건 예나 지금이나 질색이다. 탈모가 빨라질까 두렵고, 행인들이 '물먹은' 나를 비웃을까 걱정된다. '한번 비에 젖어본 자는 더 이상 비를 두려워 않는다'는 격언은 맑은 날에만 멋지게 느껴진다. 삶을 다만 관조할 수 있다면 그 어떤 삶도 흔쾌히 받아들일 텐데. 십분 양보해 몸이 상하더라도 언제든 발을 뺄 수 있는 체험까지라면 그럭저럭 참아주겠다. 그냥 무대에 한번 올라갔다 내려오는 일인데, 배역이 거지였든 불구였든 무슨 대수인가.

그러나 삶은 존재. 하이데거가 한숨짓던 존재. 내 뜻과는 상관없이 무작정 내던져진 존재. 애당초 출구란 없는 존재. 정해진 인연의 길을 잠자코 걸어가야 하는 존재. 주어진 조건의 변화에 따라 넘어지고 뭉개져야 하는 존재. 목구멍에 뭐든 넣어야 하는 존재. 말이 좋아 연기緣起고 상생相生이지 남에게 의지하지 않고선 아무것도 하지 못하는 존재. 오매불망, 남이 만든 게임의 법칙에 전전긍긍해야 하는 존재. 시시콜콜, 남이 저질러놓은 문명과 제도에 참견하지 않으면 생계가 곤란해지는 존재. 하늘이 무너져도 폐막이란 없는 존재. 태어나면 죽어야 하고 죽으면 다시 태어나야 하는 존재. 부처님도 어찌할 수 없는, 존재.

닭은 통닭을 먹지 않는다

경청도부鏡淸道怤 선사가 한 스님에게 물었다.
"문 밖에서 들리는 게 무슨 소리냐?"
"빗방울 소리입니다."
"너는 빗방울 소리에 사로잡혀 있구나."
"화상께선 저 소리를 무엇으로 듣습니까."
"자칫했으면 나도 사로잡힐 뻔했다."
"그건 또 무슨 뜻입니까."
"속박에서 벗어나기는 쉬워도 제대로 설명하기는 어렵구나."

《벽암록碧巖錄》

이 녀석이 과연 도통했을까, 말 그대로 깨달음의 무게를 재는 법거량法擧量이다. 빗방울 소리를 "빗방울 소리"라고 하면 꿀밤을 때리는 게 선가禪家의 교육법이다. 빗방울 소리라는 문자와 빗방울 소리라는 개념 이전에, 저것이 무어냐고 되묻는다. 사실 이런 식으로 나오면 할 말이 없다. 머리에 저장된 개념을 떠올려 그에 적절한 문자를 조합해 논리적으로 표현하는 게 대답이란 놈이니까. 하지만 무언가를 설명할 수 있다는 것이 과연 그것을 안다는 것인가? 선사들의 집요한 질문이다.

누군가 호랑이에 대해 안다고 한다면 그건 십중팔구 '호랑이'라는 문자와 개념일 뿐이다. 호랑이의 삶을 체험하지 않는 한, 주야장천 약자들의 살점을 물어뜯어야 하는 호랑이의 심정을 이해할 수 없다. 여러 가지 학습을 통해서 세상에 대해 배운다지만, 일반인이 으레 익히는 것은 사물과 현상의 본질이 아니라 단지 '말'에 불과하다. 하긴 남들 앞에서 어깨를 으쓱거리기엔 그만큼으로도 족하다. 어차피 아무도 호랑이가 될 수 없는 판엔. 본래 지식이란 세계를 이용하고 지배하기 위해 발명된 수단이다.

자기 자신에 관한 앎도 이름 석 자의 수준을 벗어나지 못한다. 내가 어디서 왔고 어디로 가는지, 왜 여기에 있으며 왜 있어야 하는지…. 근원에 관한 궁금증 앞에선 꿀 먹은 벙어리 신세다. 말은, 말이 되는 세상에만 간섭할 수 있다. 말이 되지 않거나 말로는 풀 수 없는 문제에 대해서는, 말문을 닫은 채 슬며시 꽁지를 내린다. 선사들이 지식을 신뢰하지 않고 세속을 멀리하는 이유는 이런 까닭이다. 말싸움과, 말싸움이나 벌이는 치들에게는 희망을 걸 수 없기 때문이다.

그런데 정작 제자에게 핀잔을 주던 선사 자신도 빗소리에 '꽂혔던' 거다. 지식과 세속으로부터 거리를 두는 일에 익숙한 도인조차, 자신의 생각과 거리를 두는 일엔 젬병이 될 수 있음을 보여주는 사례다. 문득 멍 때리고 있는 자신을 발견하곤 제자 앞에서 짐짓 체면을 추슬렀다. 고작 빗소리에 취해 부처를 잃어버리다니. 집착하지 말라면서 집착하다니. 참회하면서 수처작주隨

處作主, '어디서나 주인 되는 삶'을 다짐한다.

　이쯤에서 끝내도 괜찮은 선문답인데, 제법 알이 굵은 사족이 붙었다. '속박에서 벗어나기는 쉬워도 제대로 설명하기는 어렵다'는 넋두리, 울림이 크다. 이런저런 스트레스에서 해방됐다는 사람은 많아도, 스트레스를 찾아내 때려잡았다는 사람은 본 적이 없다. 통증은 느낌일 뿐 물체가 아니다. 번뇌는 생각일 뿐 실체가 없다. 그런데도 쓰림이 칼에 베인 것 같고, 아픔이 탱크에 밟힌 것 같다.

　도대체 본질은 어디에 있는가. 겉모습이 본질이 아니라면 뼈와 내장이 본질인가. 눈에 보이는 현상이 본질이 아니라면 눈에 보이지 않는 벼룩과 세균이 본질인가. 내가 바라보는 세상과 네가 바라보는 세상은 왜 항상 지독하게 다른가. 사람이 느끼는 물과 물고기가 느끼는 물이 다르고, 사람이 바라보는 통닭과 닭이 바라보는 통닭이 다를진대, '이것이 진실'이라고 화끈하고 뻔뻔하게 말할 수 있는 자 누구인가. '아무것도 존재하지 않는다. 존재한다 해도 인식할 수 없다. 인식한다 해도 전달할 수 없다'는 고르기아스의 궤변이 차라리 인간적이다.

　나의 마음은 나만이 안다. 두뇌를 장착하고 살아가는 것들의 이점이자 한계다. 나만 알기에 숨길 수 있지만, 나만 알기에 정확히 알릴 수 없다. 직장생활에는 유리하지만 부부생활에는 불리하다. 멀어도 상관없는 사람들과의 관계에선 도움이 되지만, 가깝게 지내고픈 사람과의 관계는 대개 이 문제 때문에 일그러진다. 남이 나의 아픔에 눈물을 흘려줄 순 있어도 나와 똑같이 아파줄 순 없다. 나와 너의 다른 추억이 나와 너를 다르게 조종한다. 왜 나의 진심은 너의 마음에 들어갔다 나오기만 하면 초죽음이 될까.

불성佛性을 자해하지 마라

너를 대신할 사람은 없다.
부질없이 마음 쓰지 마라.
귀종지상歸宗智常, 《전등록傳燈錄》

에덴동산의 선악과로부터 성관계 동영상으로 협박하며 여교수 소유의 사찰을 빼앗으려다 수갑을 찼다는 '휴지통' 기사까지. 고금의 무수한 갈등은 앞뒤 재지 않고 덥석 물거나, 다짜고짜 남의 소중한 인생을 잡아먹으려다 일어나는 사단인 거다. 미륵은 일정한 거리를 두고 지그시 바라볼 때나 아름답다. 만약 한집에서 동거해야 한다면 그 잔소리와 결벽증을 어떻게 견딜 것인가. 삶에 대한 애착으로 삶을 더 강하게 끌어안을수록, 숨이 막히는 법이다. 마음속에 들어앉은 달마가 질식을 참다못해 내뱉는 한마디. '거리'가 너희를 자유롭게 하리라.

진리에 목마른 자에게는 진리가 아니라 거리가 필요하다. 이 세상에 목숨을 걸 만큼 소중한 것은 없다. 내가 사라지는 순간 삼라만상이 동시에 와르

르 무너진다. 꿈이 클수록 병病도 크다. 과대망상이든 피해망상이든 존재의 실상에서 한참 엇나갔을 때 펼쳐지는 미지의 세계다. 삶의 희망은 미륵의 강림이 아니라 밥을 먹는 일에서 출발한다. '지금 여기 이렇게 생겨먹음'을 예우할 것. 시름을 감면해주고 창의적인 발상을 지원하는 흡연의 덕화德化. 숙취에 시달리는 아침에 뜨는 청국장 한 그릇의 법열法悅. 콩을 심으면 콩이 나고, 모든 생명은 죽음과 폭력을 두려워한다. 그 이상의 진리는 없다. 더 있어봐야 머리만 아프고 다툼만 난다. 쓸데없이 속 썩으며 불성佛性을 자해하지 말 것.

가급적 세상과 맞서지 않는 것도 정신건강에 이롭다. 보수를 반대하면 몰상식이고, 진보를 반대하면 몰염치라는 사람들과는 겸상하고 싶지 않다. 인생이 그렇게 간명했다면 나는 인생을 사랑했을 것이다. 국민소득 2만 달러? 남들의 잔치를 공짜로 도와주는 헛짓은 삼가는 게 당연하다. 남의 이념에 눈독들이기 전에 나의 피를 아끼는 게 먼저다. 조금은 비겁해야 횡사를 면하고, 조금은 진실에 어두워야 행복할 수 있다. 생각하며 살든 살면서 생각하든, 어차피 몰락의 길이다. 내가 알아주건 몰라주건, 삶은 제 마음대로 굴러간다. 즐!

마지막으로, 나 자신과의 내외. 부처님 말씀처럼 원한을 원한으로 갚으면 원한은 사라지지 않는다. 슬픔을 눈물로 다스리면 물난리만 난다. 슬픔이 패배를 인정하고 무릎 꿇을 때까지, 때론 무시하고 때론 골려주며 철저히 하대할 것. 그리고 한시도 잊지 말아야 할 법문. '그러려니….'

내가 지쳐 잠들었을 때에도,

혈관 속을 부지런히 뛰어다닐 헤모글로빈.

담배

생각에 대해 생각하지 마라

자살과 순국의 근친관계

"저는 온몸이 병들었으니 스님께서 치료해주십시오."
"치료해주지 않겠네."
"어째서 치료해주시지 않으십니까."
"그대를 죽지도 살지도 못하게 하련다."
조산본적曹山本寂,《조산록》

세상은 '담배를 피우는 사람'과 '담배를 피우지 않는 사람'으로 나뉜다. 알다시피 국법은 비흡연자의 편이다. 새천년과 함께 시작된 금연 정국, 흡연자의 입지는 점점 좁아지는 추세다. 특히 이웃의 제사상에 자기가 정한 대로 감과 배를 놓아야 직성이 풀리는 비흡연자들에게는, 극우의 눈에 비친 좌파쯤된다. 악마이거나 최소한 상종 못할 놈이다. 서너 줄의 문장을 쓸 때마다 한 개비씩 태우는 경지에 이르면, 웬만한 비난쯤은 달관하게 된다. 건강에도 해롭고 타인에게 민폐를 끼치는 흉물을 왜 끊지 못하느냐는 핀잔은, 불교 신자에게 왜 기독교를 믿지 않느냐고 강요하는 것이나 마찬가지다. 그것도 불교 신자가.

'의식 이전에 무의식, 이성 이전에 욕망 그것도 성적 욕망이 인간의 정신을 지배한다.' 지그문트 프로이트Sigmund Freud가 창시한 정신분석학의 핵심이다. 주막의 매상을 올리는 데나 요긴할 법한 음담은, 치열한 논리와 실증을 만나 장엄한 대서사시로 승화됐다. 코페르니쿠스의 지동설과 다윈의 진화론에 비견되는 과학사의 혁명은, 어쩌면 담배 덕분이다. 프로이트는 지독한 애연가였다. "연구의 자양분", "자기 성찰을 위한 필수적인 자극제". 그가 담배에 하사한 훈장이다. 가장 아끼던 딸과 손자의 죽음을 겪으며 피웠고, 33번의 구강암 수술을 견디면서 피웠다. 이쯤 되면 전설적 골초와 맞먹는 수준이다. 한 손으론 담배를 빨고 한 손으론 세수를 했다는.

어느새 본능이 되어버린 흡연. 담배의 해악을 모르는 바 아니다. 하지만 내칠 엄두를 못 낸다. 과거가 고통스러웠고 현재가 고통스러우며 미래가 고통스러울 걸 알면서도, 쉽사리 삶을 접지 못하는 이유와 같다. 인생이 마음대로 되지 않는 것처럼 금연도 마음대로 되지 않는다. 시시각각 세파에 시달릴 때마다 주야장천 피워대면서, 목숨을 한 조각씩 태워 없앤다. 발레하고 싶다는 자식 동네 학원 보내다 유학 보내듯, 기어이 파산하고 말리란 걱정도 든다. 하긴 언젠간 치르게 될 파산인데, '일'의 모양새가 무슨 대수일까 싶다. 한숨이든 심호흡이든 끽연이든, 그저 숨 쉬는 일인데. 자살이든 사고사든 순국이든, 그저 숨이 멎는 건데.

히말라야를 수차례 등정한 어느 산악인에게 기자가 물었단다. "왜 당신은 죽음을 무릅쓰고 위험한 등반을 계속하는 건가." "그러지 않으면 죽을 것 같아서." 탐구를 위해서도 소통을 위해서도 담배가 필요하다. 눈먼 거북이처럼 부유하는 삶에 괄목刮目할 만한 의미를 새기고 싶다는 생각이, 세상과 그 의미를 나누고 싶다는 미련한 생각이 흡연을 재촉한다. 자고로 글쓰기란 노동집약적 막일이다. 원고료 말고는 부가가치를 바라기 어려운 1차 산업이다. 뭔가 그럴듯한 발상을 해내야 한다는 강박관념에 시달리다가 몸만 상할 수 있다. 결승점에서 '참 잘했어요' 도장을 들고 누군가 기다려주는 것도 아닌데, 마음은 기어코 달린다.

행복해지고 싶다면,
생각해야 한다?

"술과 고기를 입에 대는 게 옳습니까, 대지 않는 게 옳습니까."
"입에 대는 것은 일한 대가를 즐기는 것이요,
 입에 대지 않는 것은 복을 짓는 일이오."
마조도일馬祖道一,《마조어록馬祖語錄》

인간의 모든 행위를 성욕과 연결시켰던 프로이트는 흡연의 심리도 '에로틱
하게' 설명했다. 이른바 구순기口脣期 고착증. 담배를 피우는 일은 그 옛날 엄
마젖을 빨던 쾌감을 다시 느끼기 위한 무의식적 행동이라는 것이다. 의식은
무의식이라는 호수 위에 띄운 성냥갑과 같다. 의식의 근저에 머물며 의식에
은근한 때론 치명적인 영향을 미친다. 정신적 외상外傷, 이른바 '트라우마'라
고 불리는 끔찍하고 발칙한 기억, 오랫동안 억압된 욕망일수록 장기임대의
특권을 누린다. 해괴한 꿈, 의도하지 않은 말실수, 주사酒邪의 광기 따위에서
무의식의 '썩소'를 볼 수 있다.

단순하게 구분하면 '담배를 피우고 싶다'는 생각은 욕망이요, '담배를 끊

고 싶다'는 생각은 이성이다. 쾌락원칙과 현실원칙 사이에서 갈팡질팡하는 게 자아의 일생이다. 쾌락원칙은 무의식에 들끓는 욕구와 충동을 실천으로 옮기는 일이다. 성적이며 파괴적이다. 현실원칙은 의식에 떠오를 수 있는 생각을 저장한 전前의식을 중시하는 길이다. 이성적이고 조직적이다. 이를테면 누군가 숲 속에서 길을 잃어 며칠을 굶었다 치자. 만약 식욕이란 쾌락원칙에만 집착한다면 먹을 것을 구할 방법은 생각해내지 못할 것이다. 반면 현실원칙에 눈을 뜨면 작대기로 야자수를 흔들거나 짐승을 잡기 위해 덫을 놓거나, 식량을 얻기 위한 아이디어를 짜내려 골몰할 게 분명하다. 그리고 이렇게 살 궁리를 하는 동안엔, 굶주림의 고통을 잊을 수 있다!

돈 있고 힘 있는 어른의 면전에선 흡연을 삼간다. 잘하면 낙하산을 탈 수 있으리란 기대 때문이다. 모든 생각은 무의식과 전의식 사이에서 일어나는 충돌이자 타협이다. 욕망은 흥겹고 짜릿하다. 그러나 이를 충족하지 못할 경우 긴장과 불쾌감을 초래한다. 인간은 인내와 통제라는 '사고思考'를 통해 충동을 늦추거나 다독이며 심리적 안정을 획득한다. 그때그때 상황과 변수를 고려하면서 욕망의 배설과 유보, 대체와 포기 여부를 판단한다. 인류의 문명이란 것도 욕망을 적절하게 관리한 대가로 얻은 혜택이다. 그러니 행복해지고 싶다면, 생각해야 한다.

인간은 살아가면서 현실원칙을 염두에 두는 유일한 동물이다. 개나 소는 술과 고기를 먹고 취하면 그만이다. 반면 인간은 '죄악'이라는 '개념'을 발명해낸다. 주육酒肉을 즐기는 행위의 '가치'에 대해 자문을 구한다. 해당 분야의 권위자가 옳다면 계속 즐기고, 그르다면 끊으려 애쓴다. 요는 어떤 선택을 하건 '일한 대가를 즐긴다'는 보람 또는 '복을 지었다'는 긍지라는 2차적 쾌감을 얻을 수 있다는 것이다.

의미는 생각의 편집에서 만들어진다. 마구잡이로 떠오른 생각에 질서를 부여하고 영양분을 공급하는 일이다. 진리 정의 자비 민주화…. 불임不姙의 황무지에 아름다운 푯말을 세우는 일이다. 이런 마음들이 남을 돕고 시를 쓴다. 작은 것 하나, 사소한 일 하나에서도 의미를 찾으려는 노력은 권장할 만한 미덕이다. 불국정토佛國淨土는 휴지는 반드시 휴지통에 버리겠다는 조그만 윤리에서 출발한다. 구중궁궐에 드는 햇볕이나 사글셋방에 드는 햇볕이나 똑같은 햇볕이라는 통찰이, 극빈자에게 위안을 준다. 2등은 1등이라는 거대한 의미를 되새기며 문제집 한 장이라도 더 푼다.

그러나 과유불급. 아무리 생각을 짜내도 삶의 의미를 찾을 수 없을 때 절망이 엄습한다. 살아갈 날들의 의미에 집착할수록 살아온 날들은 무의미해진다. 휴지는 휴지통에 버려야 한다고 철석같이 믿는 사람은, 휴지를 아무 데나 버리는 사람 앞에서 이성을 잃는다. 사글셋방보다 더 곤욕스러운 건 사글셋방에 살고 있다는 치욕스러움이다. 2인자로 오래 살면 성격이 괴팍해진다. '밥을 먹는다'는 한 생각에 살인이 날 수도 있다. '내가 밥을 먹는데 너도 밥을 먹는다', '너는 쌀밥을 먹는데 나는 보리밥을 먹는다', '너는 쌀밥씩이나 먹는데 나는 겨우 보리밥을 먹는다', '너의 쌀밥은 정당한가, 나의 보리밥은 억울하다', '쌀밥을 먹는 너는 단죄되어야 하고 보리밥을 먹는 나는 보상받아야 한다'…. "생각하되 그 생각에 대해 계속 생각하지 말라"는 육조혜능의 법문은 괜한 잔소리가 아니다.

이 생각 또한 지나가리라

"어떤 것이 해탈입니까." "누가 너를 묶었니?"
"어떤 것이 정토입니까." "누가 너를 더럽혔니?"
"어떤 것이 열반입니까." "누가 너에게 생사를 줬니?"

석두희천石頭希遷, 《전등록》

삶은 자극과 반응의 연속이다. 무언가가 자꾸 건드리는 게 삶이다. 햇빛은 눈에, 새는 귀에, 꽃은 코에, 물은 입에, 바람은 몸에, 툭하면 시비를 건다. 발길에 차이는 게 말(言)이고, 눈에 밟히는 게 삼라만상이다. 그럴 때마다 생각이 빗발친다. 곧 생각한다는 것은 살아 있다는 증거다. 생각이란 인간의 자연스러운 생명활동인 셈이다. 밥 먹을 때도 생각하고 욕먹을 때도 생각한다. 친구를 만날 때도 생각하고 불행을 만날 때도 생각한다. 생각을 비우겠다는 생각도 생각이다. 욕망이든 이성이든 생각이다.

생각이란 의식의 저편에서 쉴 새 없이 밀려오는 파도와 같다. 살이 찐다거나 더럽다는 이유로 밥 먹고 똥 누는 일을 멈출 수 없듯, 생각도 끊어지지 않는다. 바꿔 말하면 밥 먹고 똥 누는 일을 멈춰서는 안 되듯, 생각을 구태여 끊을 필요는 없다. 강물이 흘러 바다로 가듯 생각이 흘러가도록 놔두는 것, 그게 본성을 만나는 길이요 삶의 군살을 빼는 길이다. 칼로 물 베기도 허사인데 바다를 베겠다는 게 제정신으로 할 소린가. 아울러 생각의 지배를 받는 것도 서러운데 의미의 지배까지 자청할 것까지야. 남들보다 잘 산다는 우월감, 남들보다 못 산다는 열등감…. 이러나저러나 생각이 꾸민 연극에 불과하다. 박수치고 웃되, 무대 위로 난입하진 말 것.

하지만 생각의 본질에 대한 '생각'으로 돌아오면 이렇듯 간단하게 끝날 계제가 아니다. 목숨이 붙어 있는 한 부딪치게 될 자극, 그때마다 사람을 들었다 놓는 게 생각이다. 생각을 많이 한다고 인생이 잘 풀릴 것도, 생각을 일절 안 한다고 인생이 안 풀릴 것도 아니다. 여하튼 마음은 자꾸만 숙제를 내주고 어제 일을 들춘다. 멋대로 들떴다가 제풀에 지친다. 제 마음대로 사는 건 마음뿐이다.

프로이트 사상은 '죽음에의 본능'으로 귀결된다. 누구나 내심 죽고 싶어 한다는 것이다. 모든 생명은 생명 이전의 상태로 되돌아가고 싶어 한다는, 궁극적인 충동을 일컫는다. 쾌락원칙이건 현실원칙이건 '어떻게 하면 행복하게 잘 살 수 있을까'라는 절대명제를 위해 복무한다는 점을 감안하면, 매우 독특한 반전이다. 선사들은 "마음은 광대하여 마치 허공과 같다. 일월성신과 산하대지, 천당과 지옥이 모두 이 안에 있다"고 했다. 결국 마음 안에 우주를 짊어지고 살아야 한다는 건데, 누구나 끝내는 쉬고 싶겠지.

희망은 '그림의 떡'인 걸 알면서도, 나도 모르게 군침이 흐른다. 절망은 '꿈속의 잠꼬대'인 걸 알면서도, 자고 일어나면 머리맡이 땀으로 홍건하다. 언제까지 이토록 얄궂은 사기극에 시달려야 하나 싶을 때, 입에는 어김없이 담배가 물려 있다. 죽을 때까지 생각해야 하는 실존의 지겨움. 가슴속의 온갖 유해물질을 게워내고 표표히 빠져나온 담배연기가 춤을 추며 하늘로 올라간다. 열심히 살아내라는 응원인지 어서 따라오지 않고 뭐하냐는 타박인지, 분간이 안 된다. 물론, 이 '생각' 또한 지나가리라.

나를 찾아가는 길이, 마치 저승길 같구나.

은둔

오
지
않
는

잠
은

기
다
리
지

않
는
다

은둔의 두 가지 형태

요즘 어린 것들은 능력 하나만 믿고 까분다.
출세에 뒤질까 급급해하는 녀석들.
설익은 열매는 향기가 멀리 퍼지지 않게 마련인데.
《치문숭행록緇門崇行錄》

《치문숭행록》은 귀감이 될 만한 스님들의 언행을 정리한 책이다. 중국 명
나라 말기 주굉袾宏이란 이름의 승려가 썼다. 맑고 검박한 일상, 아랫사람에
대한 자비, 웃어른에 대한 섬김 등을 주제별로 분류했다. 어떤 스님은 곧 고
기가 될 가축을 죄다 사들여 목숨을 건져줬고, 어떤 스님은 4만 번의 공들인
예불로 죽은 어머니를 천당으로 보냈다. 하나같이 마음에 담아두면 따스해
지는 이야기들이다. '지중지행持重之行' 편은 은둔을 칭찬하고 권고하는 글들
을 묶었다. 숨어 살던 스님들의 여러 일화를 열거한 뒤 찬讚을 붙였다.

일종의 바른생활 교과서에서 박수를 받고 있는 은둔은 두 가지 형태로 나
뉜다. 그냥 멀리서 혼자 사는 지리적 은둔과 여럿이 섞여 살아도 자중하고

근신하는 심리적 은둔. 무문無門 선사는 깊은 산에 오랫동안 거처했고 수지守智 선사는 여러 해를 문 닫고 지냈다. 혜능은 선종 제5조祖 홍인의 인증으로 6조에 등극했지만, 일절 깨달은 티를 내지 않았다. 사냥꾼들과 험한 일을 함께하며 '더벅머리에 때 묻은 얼굴'로 16년을 지냈다. 선정善靜 선사의 성품도 매우 겸손하다. 어느 날 세수를 하다가 몸에서 사리가 떨어지자 부리나케 숨기더니, 제자들에게 동네방네 떠들지 말라며 함구령을 내렸다.

'지중지행'에 대한 주굉의 총평이다. "도가 높아질수록 부지런히 정진하고 마음이 밝아질수록 세상일을 조심해야 하는 법이다." 다음은 나름의 착어著語 : 도인은 도道에 대해 생각하지 않는다. 세상에 부처 아닌 것이 없으니 세상 어떤 것에도 특별한 의미를 두지 않는다. 언젠가는 쉬어야 하고 놓아야 하고 떠나야 한다는 체념과 절친하다. 세간의 이해利害를 조정하되 이해에 개입하지 않는다. 자신이 이해의 대상이 되는 순간, 부처고 깨달음이고 끝장난다는 걸 잘 알고 있기 때문이다. 악마와 손을 잡고 부패와 말을 섞어도 이용당하지 않고 오염되지 않을 그는 자유.

도시에 살면 도시를 닮는다. 뭐든 세우고 뚫고 메우고 이어야 직성이 풀린다. 돈줄에 호스를 대며 혼탁해지고, 연줄에 빨대를 꽂으며 물든다. 사람을 상대하다 보면 자연스레 호불호가 나뉜다. 성질을 내느냐 눈을 까느냐, 처신에 대한 손익을 끊임없이 계산해야 하는 게 생업의 불문율이다. 입시, 취업, 승진, 자식, 노후…. 마음을 줄기차게 괴롭혀야 살아남을 수 있는 경쟁

사회다. 아들로, 아비로, 직원으로, 국민으로…. 누군가의 무엇이 되어 누구보다 열심히 일하지만, 정작 나를 위한 소득은 없는 듯한 박탈감. 살아 있는 건 생활고뿐이요, 살판난 건 스트레스뿐이다.

"무쇠로 만든 소는 사자의 포효를 두려워하지 않는다"는 방온龐蘊의 기백을 가슴에 묻었다. 마음을 닫고 산다. 웬만하면 흥분하지 말자, 이러고 삭인다. 육체의 온갖 구멍으로 드나드는 세상의 잡것들을 철저히 검문한다. 세상일에 무관심하다. 마음에 특별한 부담도 주지 않는다. 예컨대 '죽을 수 없다면 열심히 살자' 이상의 신념은 취급하지 않는다. 필요할 때만 입을 연다. 마음에 빈틈을 주지 않기 위한 노력들이다. 일순 한눈팔면 남의 마음으로 돌변해 내게 칼끝을 겨눌 테니까. 생활고를 푸념하며 또 하나의 생활고를 쌓고, 스트레스에 분개하며 또 하나의 스트레스를 짊어지고…. 진정 내 마음이라면, 도대체 그게 나에게 할 짓인가.

엽기적인 그들

"좋구나 눈송이, 딴 곳에는 떨어지지 않는구나."
"그러면 어느 곳에 떨어져야 합니까."
거사가 한 대 갈겼다.
"거사님, 지나치십니다."
"그래 가지고 무슨 선객인가. 염라대왕이 잡아갈 사람이로군."
"거사님 같으면 어떻게 말씀하시렵니까."
또 한 대 갈기면서 말했다.
"이 눈뜬장님, 입 떨어진 벙어리 같으니라고!"
《벽암록》 42칙 '노방호설老龐好雪'

혼히 '방거사居士'로 회자되는 방온은 중국 선종사禪宗史에서 거의 유일하게 대접받는 재가자다. 석두희천 마조도일 약산유엄…. 당나라 시대 내로라하는 선지식들과 법을 겨루던 속인이다. 본래 소문난 부잣집 자제였다. 과거를 치르러 수도인 장안으로 가던 중, 여관에 들르면서 인생이 '꼬였다'. "관직에 오르는 게 부처가 되느니만 못하다"는 어느 행각승行脚僧의 회유에 크게 동했다. 오갈 데 없어진 불덩이를 마조가 품었다. 방거사는 "만법萬法으로부터 자유로운 사람은 누구냐"고 물었고, "서강西江의 물을 한입에 다 마시면 가르쳐주겠다"는 마조의 대답에 홀연히 깨쳤다.

그때 과거 길에 동행했던 학우는 곧장 머리를 깎고 스님이 됐다. 단하천연丹霞天然 선사인데, 왜 함께 출가하지 않았는지 책에는 자세한 설명이 없다. 앉은 자리에서 당간幢竿을 세우고 문중門衆을 만들어도 전연 책잡히지 않을 법력이었다. 전 재산을 강물에 던져버렸던, 무시무시한 담력의 소유자이기도 하다. 유별난 성욕? 악성 소심증에서 비롯된 만성적인 우유부단? 다음의 전거가 사실이라면, 출가하지 않은 이유가 이딴 것들 때문은 아닐 듯싶다.

임종을 앞둔 거사가 딸에게 말했다. "모든 것은 환상이며 실체가 없다. 네가 벌이는 인연에 따라 하염없이 생멸할 뿐임을 명심해라. 그런데 해가 어디까지 왔는지 궁금하구나. 밖에 나가서 알아보고 한낮이 되면 알려주렴." 목숨을 떼어낼 시간을 고르고 있었던 건데, 나갔던 딸은 금세 들어왔다. "한낮입니다. 게다가 일식이어요, 어서 나와 보셔요." "설마 그러려고." 거사가 의자에서 일어나 창가로 다가갔다. 일순 딸이 의자를 가로채더니 바로 죽어버리는 황당한 시추에이션. "계집애가, 잽싸게 선수를 치는군." 거사는 장작을 모아 불을 지피며 송장을 치웠다. 자신의 죽음은 조금 미뤄뒀다.

일주일이 지나 우적于頔이 문병을 왔다. 중국 강소성 양주의 자사(刺史, 지금의 행정장관)를 지내던 고위공무원으로, 거사의 평생 후견인이었다. "부디 일체 존재를 공무空無로 생각하시오. 꿈에라도 실유實有로 생각해서는 안 됩니다. 부디 건강하시오. 물론! 모든 것은 그림자와 메아리에 지나지 않습니다." 거사가 법문을 마치자 방 안에 향기가 감돌았다. 곧 거사는 명상에 들었고 영원히 움직이지 않았다. 이윽고 남편과 여식의 부음을 들은 아내가 한마디 뱉었다. "괘씸한 것들, 일언반구도 없이 가버리다니."

　그녀는 농사를 짓고 있던 아들을 찾아가 아버지와 여동생의 죽음을 알렸다. 아들은 밭을 갈던 쟁기를 멈추더니 '엇!' 하는 외마디와 함께 역시 숨을 거뒀다. 서 있는 채였다. "이 녀석이!" 아들의 시신을 불태워 없앤 여자는, 동네 사람들에게 일일이 작별을 고하곤 세상을 등졌다. 어디로 갔는지 아는 이가 아무도 없었다. 거사는 평소에 늘 이렇게 말해왔다. "아들이 있지만 장가들지 않고 딸이 있지만 시집가지 않는다. 집안이 화목한 가운데 부처님의 가르침으로 이야기꽃을 피운다《전등록傳燈錄》."

　우적이 엮은 《방거사어록》에 소개된 내용이다. 극적 유희를 살리기 위해 변죽만 조금 각색했다. 너무 우스꽝스러워서 눈물겨운, 너무 거짓말 같아서 참된 최후다. 생사일대사生死一大事가 눈을 깜빡이고 손바닥을 뒤집는 일처럼 간단하고 자연스럽다. 일가족 전체가 완전한 날것들이다. 탐욕과 분노를 벗해야 입에 풀칠이라도 할 수 있는 저잣거리 중생들이, 어떻게 이만한 마음씨를 보유할 수 있었는지. 방 씨네의 떼죽음에 비하면 가족끼리 사이좋게 산사를 찾아 옹기종기 참선을 하는 일은, 그냥 바캉스다.

에피쿠로스의 오류

"주인공아!"
다시 말했다.
"또렷하게 깨어 있도록. 이후 남들의 속임수에 당하지 마라."
사암사언瑞巖師彦, 《오등회원五燈會元》

아타락시아Ataraxia. 그리스 헬레니즘 시대의 철학자 에피쿠로스Epicouros
가 제시한 궁극적 쾌락의 상태다. 절제된 행동거지, 소박한 식습관을 통한
섭생, 문명을 등진 은둔이 아타락시아를 얻는 비결이다. 에피쿠로스가 보기
에 도시의 사치와 향락은 욕망을 조장하고 번뇌를 부추기는 악덕일 뿐이었
다. 도덕이나 양심 또한 망상에 지나지 않았다. 충효는 미신이었다. 왕권과
체제를 부정하는 불온한 사상이었지만, 에피쿠로스와 그의 추종자들은 별
다른 박해를 당하지 않았다. 올곧게 숨어 살았고, 자기들끼리만 놀았던 덕
분이다. '쓸모없는 나무가 천수를 누린다(장자, 莊子)'는 동양적 교훈이 적용되
는 서양사다.

에피큐리언들은 타락하지 않기 위해 숨어 살았고, 상처받지 않기 위해 숨

116

어 살았다. 반듯하고 안전한 쾌락만을 즐겼다. 과욕과 만용을 기피한 만큼 지식인 특유의 참여와 계몽에도 심드렁했다. 지극히 개인주의적이고 '초식남'스러운 처세로 일관했다. 남에게 피해를 주지 않는 대신 남에게서 피해를 받지 않는 완전무결한 무위無爲. 그게 그들의 보살행이었다. 웅덩이 안의 물풀이나 뒷골목을 뒹구는 휴지조각에게, 사회적 책임을 물을 순 없는 노릇이다.

다만 외딴 방에 웅크리고 앉아 맹물처럼 소일하는 은자隱者에게도, 죽음이라는 최종적 불안은 남는다. 이를 극복하기 위해 에피쿠로스는 아래와 같은 해법을 내놓았다. '죽음은 아무것도 아니다. 죽음이 찾아오면 아무런 감각도 없어진다. 곧 우리는 죽음을 느낄 수 없다.' 죽음이 삶을 잠식하는 순간 삶은 소멸하므로, 죽음과 삶은 전혀 무관하다. 결국 죽게 되면 죽음으로부터 자유로워진다는 것이다. 얼핏 그럴 듯한 묘책으로 보인다. 그러나 사는 게 진짜 죽을 맛일 때 우리는 죽음을 그리워하지 않을 수 없다.

죽음은 멀리 있지 않다. 마음에 솜털이라도 날리는 순간, 죽음은 코앞까지 다가온다. 숨어 산다고 마음까지 가둘 수 있는가. 오두막에 살아도 인터넷은 끼고 사는 세대다. 댓글 달기 좋아하는 마음은 자꾸 생사生死에 감염된다. 살고 싶다는 욕망과 죽고 싶지 않다는 욕망이 서로 뺨을 때리고 다리를 건다. 살기 위해 빼앗고 죽지 않기 위해 죽인다. 기어이 '내 것'이 되길 바라는 이기심, 끝까지 '네 것'으로 남길 바라는 적개심에 살육과 자해와 공멸의 징후가 혈떡거린다. 그러니 자아를 단속하지 못한다면, 어디에 머물건 마찬가지다. 죽을힘을 다해 죽어가기는.

　고통의 최소화를 통한 쾌락의 극대화는 은둔의 내면화로 완성된다. 몸만 숨기는 게 아니라 숨어 있다는 마음조차 숨길 줄 알아야 진정한 도인이란 생각. 이 생각에 기대어 각종 공과금의 납부마감일을 살피고, 새벽녘 편의점에서 소주를 산다. 사람과 부딪치고 시간에 쫓긴다? 뭐, 그럴 수 있다. 현재는 남루하고 미래는 불투명하다? 불편하지만, 견딜 만하다. 더구나 이제는 쓸쓸해서, 편안하다. 오지 않는 잠은 기다리지 않는다. 내 몫이 아닌 복은 건드리지 않는다. 가보자, 가는 데까지.

　누구도 지배하지 않고
　누구에게도 지배받지 않는 아나키스트여,
　대충 살다가 대충 죽을 '귀차니스트'여,
　내 마음 어디에 숨었는가.

폭 력

「아름다운」 매질

폭력, 권력의 오른팔

싸움하는사람은즉싸움하지아니하던사람이고또싸움하는사람은싸움하지아니하는사람이었기도하니까싸움하는사람이싸움하는구경을하고싶거든싸움하지아니하던사람이싸움하는것을구경하든지싸움하지아니하는사람이싸움하는구경을하든지싸움하지아니하던사람이나싸움하지아니하는사람이싸움하지아니하는것을구경하든지하였으면그만이다.

이상李箱 시詩 '오감도烏瞰圖' 제3호

　　대학 시절, 정치학 교양수업 시간의 일이다. 김 교수는 권력에 대해 설명하고 있었다. 쉽고 적절한 예시를 보여주겠다던 그가 돌연 외쳤다. "어이 이李 조교, 불 꺼!" 대강의실 뒤편에 서 있던 '이 조교'는 다소 황당한 지시에 잠깐 멈칫했으나 이내 잠자코 형광등 스위치를 내렸다. 암전과 정적. 다시 불이 켜지는 과정은 불이 꺼지던 과정과 동일했다. "켜라"는 명령어에 따른 조건반사. 득의양양해진 교수가 말했다. "여러분, 이게 권력입니다." A가 B로 하여금 B의 의지와는 상관없이 A의 목적을 관철시키게 하는 물리적이거나 심리적인 힘. 교수가 내린 권력의 정의다. 번쇄하지만 번듯해 뵈는 논리를 꽤 오래 곱씹었던 기억이 있다. 그보다 '그때 이 조교의 기분이 얼마나 더러웠을까'란 생각이 지금도 마음에 앞선다.

프로레슬링은 연출된 폭력이다. 쌍방의 합의하에 벌이는, 이른바 약속된 싸움이다. 선수들은 아름답게 메치고 화끈하게 엎어져주면서 관객들에게 홀륭한 볼거리를 제공한다. 맞는 사람이 맞음에 공을 들일수록, 때리는 사람의 때림이 빛을 발한다. 그리고 서로가 그러한 모순을 정확히 숙지할수록 경기는 흥미진진해진다. 이들의 폭력이 생산하는 통증과 외상은 갈등과 반목으로 확산되지 않는다.

싸움의 결과가 아니라 싸움의 내용을 우선하는, 매우 독특한 인문人文이다. 끝내는 승패에 목숨을 거는 여느 격투기들과 체질적으로 다른 점이다. 알다시피 절대 다수의 폭력은 교감이나 우정과 거리가 멀다. 단 한 줄의 각본도 단 한 번의 희생도 없이 다툰다. 미학을 고려하지 않고 상처를 괘념치 않는다. 너를 죽여 내가 살면, 된다.

폭력은 신체적인 공격 혹은 물리적 강제력을 뜻한다. 형법에선 무작정 두들겨 패는 것부터 시작해 감금, 협박, 기물 파손까지 다양한 행위를 폭력으로 규정한다. 밀린 월급을 받아내기 위한 폭력, 성욕을 해소하기 위한 폭력, 자녀의 못된 버릇을 고치기 위한 폭력, 일상의 재미를 위한 폭력도 마찬가지다. 타인을 힘으로 제압해 자신의 목적을 이루기 위한 일이라면 뭐든지 폭력이다. 네가 괴로워도 내가 즐거우면, 옳다.

지하철에서 자리를 양보하지 않는다고 생면부지의 행인에게 욕설을 퍼붓는 노숙자도 그 순간만큼은 권력자다. 권력을 쟁취하기 위해 누구나 폭력이란 오른팔을 갖는다. 누군가가 권력을 지키기 위해 폭력을 쓸 때, 누군가는 목숨을 지키기 위해 폭력을 쓴다. 해고를 통보하는 문자메시지는 말투가 공손하고 정중하다. 직원도 사장을 폭행하고 목에 칼을 들이대며 으스댈 수 있다. 물론 지극히 짧고, 자폭이나 다름없는 권력이지만. 학생들은 훗날 누군가의 자유를 합법적으로 제약하고 정당하게 금전적 정신적 손해를 입히기 위해, 열심히 공부한다.

하기야 사람 사는 세상의 갈등은 물이 흐르고 꽃이 피는 것처럼 자연스러운 현상이다. 내가 원하는 걸 남들도 원하기 때문이다. 그리고 나눠야 할 이익이 많을수록 갈등은 커진다. 이때 권력의 친구들이 개입한다. 살고 있는 집, 입고 있는 옷, 몰고 다니는 차를 들먹이며 힘자랑에 나선다. 지갑의 돈은 물론이고 명함까지 탈탈 털어 자신의 우위를 입증하려 애쓴다. 약자는 약자대로 조합 따위를 만들거나 길거리에 드러누워 권리를 요구한다.

이런 것들을 달리 말하면 정치 혹은 경제다. 그리고 제도적인 수단만으로는 합의가 안 될 때 폭력이 가세한다. 상대를 구워삶아 나의 권익과 안위를 챙기긴 해야겠는데, 도대체가 말이 통하지 않고 저 놈은 무얼 먹고사는지가 미치도록 궁금하고…. 속을 부글부글 끓이다가 홧김에 주먹을 날리고 총을 겨누고 미사일을 쏜다. 여하튼 폭력도 갈등해결의 한 방식이긴 하다. 다만 지지분하고 상스럽다는 게 단점이다.

손가락과 깨달음을 맞바꾸다

깨끗함과 더러움 어느 것도 믿고 의지하지 마라. 죄罪란, 없다.
《마조어록馬祖語錄》

선가禪家에서도 폭력을 쓴다. 참선하다 조는 수좌의 어깨를 죽비로 내리치는 것부터 고양이를 두 동강 내버린 '남전참묘'의 일화까지, 방대하고 다채롭다. 가볍기론 체벌부터 무겁기론 살생까지, 세간에서 횡행하는 폭력의 양태와 별반 다르지 않은 셈이다. 물론 이득을 취할 요량의 폭력이 아니란 점에서 극명한 차이가 난다. 미혹迷惑을 부수기 위한 폭력이지, 인격을 부수기 위한 폭력은 아니다. 무엇보다 때리는 사람이 아니라 맞는 사람이 승자가 되기 쉽다. 운이 좋으면 졸지에 깨달아버리기 때문이다.

선禪의 황금시대라 불리는 중국 당나라 때의 고사다. 어느 날 백장회해百丈懷海가 스승인 마조도일馬祖道一을 부축하고 산보를 나갔다. 들판에서 돌연 오리 한 마리가 날아올랐다. 마조가 물었다. "이것이 무엇인가." "오리입니다." "어디로 갔는가." "그냥 날아가버렸습니다." 그러자 마조가 느닷없이 백장의 코를 쥐어뜯었다. 백장은 고통을 참지 못하고 소리를 질렀다. 마조가 말했다. "날아가버렸다고? 어디 다시 말해봐라!" 이 말에 백장은 문득 깨달았다. 이런 식이다.

아래의 사건은 한 술 더 뜬다. 로또 1등 당첨금 찾으러 가다가 벼락 맞는 수준의 이야기다. 구지倶胝 선사는 누가 도道를 물을 때마다 손가락을 치켜세웠다. 동자승 하나가 스님을 흉내 내고 다녔다. 어린 생불生佛이 났다는 소문에 온 동네가 떠들썩했다. 구지 선사는 조용히 동자승을 불렀다. "어떤 것이 불법인고." 동자승은 우쭐대면서 늘 하던 대로 손가락을 올렸다. 순간 스님은 품에 숨긴 칼로 아이의 손가락을 잘라버렸다. 비명을 지르며 도망가는 동자승을 스님이 불러 세웠다. "어떤 것이 불법인고." 본능적으로 손가락을 세웠지만 손가락은 보이지 않았다. 아이는 크게 깨쳤다. 엽기적이다.

지나가는 행인이 이 장면을 봤고, 만약 그가 의로웠다면 당장 경찰에 신고했을 광경이다. 하긴 폭행상해 현행범으로 체포된다 해도 구지 선사의 입장에선 할 말이 없다. 사정을 모르는 이들의 눈으로 보면 영락없이 끔찍한 아동학대일 뿐이다. 그러나 "크게 깨쳤다"는 기록이 사실임을 전제하면, 동자승에겐 이보다 더한 은혜도 없을 것이다. '애당초 아무것도 없었음(本來無一物)'을 알아버렸는데, 손가락 하나 잃은 게 무슨 대수겠는가. '목격'으로서의 폭력과 '체험'으로서의 폭력이 이렇게 다르다. 눈에 보이는 폭력이 풍경이라면, 몸으로 저미는 폭력은 실존이다. 고통은 살아 있음을 알려주는 가장 강력한 신호다. 통증이 지독할수록 성찰은 통렬하다.

덕산선감德山宣鑑 선사는 말보다 몽둥이를 쓰는 법문에 익숙했다. "말하라. 말을 해도 몽둥이 30대요, 말을 하지 못해도 몽둥이 30대다!" 애당초 정답이 불가능한 난제를 내놓고, 입맛을 다시며 제자들을 을렀다. 그러니 때리면 맞을밖에, 다른 도리가 없다. 아니면 확실히 대들던가. 낙보원안樂普元安 선사의 도전이 맞춤한 예다. 하지만 아쉽게도 도전의 시작은 창대했으나, 끝은 미약했다.

임제의현臨濟義玄 선사가 하루는 덕산의 시자侍者로 일하던 낙보를 불렀다. 살살 꼬드겨 스승과의 '맞짱'을 부추겼다. "법당에 가서 보다가 또 그렇게 지껄이거든 얼른 물어라. 말했거늘 왜 때리느냐고." 그 다음 예상되는 행동에 대한 전략도 짜줬다. "네 스승이 때리거든 주장자를 붙들고 멀리 던져버려라." 제자는 스승에게 다가가 임제 선사의 분부를 실행에 옮겼다. 제대로 하극상을 당한 덕산은 말없이 처소로 돌아가 문을 닫았다. 낙보는 임제에게 달려가 성공적인 임무수행을 보고했다. 그런데 임제의 반응이 자못 뜨악하다. "내가 본래 그를 수상히 여겨왔다"면서 혀를 차다가 갑자기 정색. "그런데 그대는 덕산을 보기는 했는가." 시자가 망설이자 여지없이 한 대 올려붙였다.

딴에는 작심하고 스승에게 반항했을 것이다. 그러나 이를 사주한 스승의

라이벌에게 되레 팽을 당했으니, 시자의 신세가 처량해졌다. 그는 맞기 싫다는 공포와 때려야 한다는 집착 때문에 아무 일도 딱 부러지게 하지 못했다. 남의 밥상 차려주다가 제 밥상 엎어버린 죄! 이런저런 분별망상 없이 현실을 완전히 자기 것으로 소화하지 못한 죄! 임제의 따귀는 깨달음의 기회를 주기 위한 마지막 선물인 것이다.

아프냐? 즐겨라
아프다…아프네

대중들이여, 무릇 법을 위하는 자는 몸이 망가지고 목숨을 잃는 것을 두려워하지 말아야 한다. 나는 20년 동안 황벽 선사 밑에 있으면서 세 차례 불법의 정확한 뜻을 물었다가 세 차례 전부 몽둥이로 얻어맞았다. 그러나 마치 쑥대로 살짝 스친 것 같았다. 지금 다시 한 대 얻어맞으려는데 누가 나를 위해서 때려주겠느냐.

임제의현, 《임제록》

모리스 메를로-퐁티Maurice Merleau-Ponty는 폭력의 범위를 대폭 확대해 유럽 사상계에서 주목받았다. 인생 자체가 폭력이라는, 다소 과격한 주장이다. 그는 비폭력이란 애당초 성립될 수 없으며, 인간은 여러 종류의 폭력 가운데 한 가지를 고를 수 있을 뿐이라고 비웃었다. 지극히 사소한 놀림과 가벼운 기만이라도 허투루 넘기지 않았다. 대화와 설득조차 완력과 매질만큼 가혹할 수 있다고 봤다. 부드럽고 완곡한 방식일지라도 타인을 억압하고 복속시키려는 속셈이 뚜렷하다면. 곧 말끔한 행색으로 예의바르게 약탈하는 서구 자본주의에 대한 비판으로 들린다. 그의 지적대로라면 결국 타인을 존중하며 세상을 있는 그대로 받아들이는 것, 그것만이 비폭력의 길인 셈이다.

덕산 스님이 평소 몽둥이로 가르쳤다면, 임제 스님은 걸핏하면 고함을 질렀다. 유명한 덕산방德山棒 임제할臨濟喝이다. 방이나 할이나, 당하면 정신이 번쩍 든다. 자극은 몸으로 저미며 몸의 일부가 된다. 말로 쫓아낼 수 없고 생각으로 치유할 수 없다. 방과 할은 사유와 언설이 단숨에 끊어진 본래 자리로 득달같이 건네다 준다는 것이 조사선의 입장이다. 이것과 저것, 시간과 공간, 삶과 죽음이 이름을 잃고 한갓 무더기로 응축되는 지점. 근원적인 무無, 나아가 없음마저 없는 없음. 어록에 나타난 선사들의 폭력은 얄궂게도 완벽한 소통을 위해 활용된다. 스승 이전의 무엇, 제자 이전의 무엇, 인간 이전의 무엇이 되어, 폭력 이전의 무엇, 고통 이전의 무엇, 교육 이전의 무엇을 교감하려면 어쩔 수 없었다. '날것'이 되어 '날탕'으로 살기.

선사들은 잔소리를 질색한다. 고마워하거나 미안해하지 않는다. 고마움을 바라거나 미안함을 요구하지도 않는다. 포장하고 미화하는 삶을 경멸한다. 삶의 크기와 깊이에 연연하지 않는 만큼 폭력에도 특별한 의미를 두지 않는다. 때리는 쪽의 의도는 '아프냐? 즐겨라' 이런 식이다. 맞는 쪽의 자세는? '아프다. 아프네'에서 털어버려야 한다. 스승과 제자, 가해자와 피해자, 사랑의 매와 분노의 치도곤…. 피차彼此와 주객主客을 따지지 말고 오직 아픔과 하나가 되라는 거다. 쥐어 박히고 걷어차이면 기분이 나빠지는 게 인지상정이다. 그렇다고 남들이 울 때 울고 웃을 때 웃으면 공부는 언제 하나. 때리거나 말거나 꿋꿋이. 욕하거나 말거나 당당히. 야무지게 꿀밤을 맞으면 머릿속에 별이 뜬다. 죄책감과 적개심 없이, 그 별의 아름다움에만 몰입할 수 있는 사람은 몇이나 될까.

'아름답다'의 어원은 여러 가지다. 그 가운데 '앎'과 '나(我)답다'라는 말에서 유래했다는 설을 골라본다. 꽃은 꽃다워서 돌은 돌다워서 아름답다. 내가 나다울 때 나는 나를 사랑하지 않을 수 없다. 그런데 어떤 모습이 도대체 나다운 건가. 내가 꿈꾸는 나는 상상일 뿐이고, 내가 잃어버린 나는 기억일 뿐이다. 내가 바라보는 나는 형상일 뿐이고, 내가 지키려는 나는 습관일 뿐이다. 이도저도 아니라면 지금 이렇게 앉아 생각하고 있는 게 내 삶의 전체라 할밖에. 어찌 됐든 그냥 살아 있는 게, 나답다 할밖에.

일타일생一打一生.
아프니까, 삶이다. 빌어먹을!

금기

노파가 암자에 불을 지른 까닭

불륜을 저지르고 싶은 까닭은
그것이 불륜이기 때문이다

나는 민중과 짐승들을 화나게 하겠다.
차라투스트라는 목자牧者보다는 강도로 불리길 원한다.
프리드리히 니체, 《차라투스트라는 이렇게 말했다》

전역을 한 달쯤 앞뒀던가, 군대에서 내무검사가 있었다. 주말에, 병졸들이 막사 전체를 눈부실 만큼 깨끗하게 쓸고 닦아 놓으면, 간부가 구석구석을 손가락으로 훔치며 청소상태를 확인하고 평가하는 게, 내무검사의 일반적인 형태다. 하지만 그날은 병졸들의 '정신'을 검사하기 위해 간부들이 떴다. 불시不時였는데 이유는 기억나지 않는다. 아마도 그즈음 북한 정부가 남한 정부를 수틀리게 했거나, 그날 아침 중대장의 부인이 중대장을 수틀리게 했을 것이다.

여하튼 때 아닌 습격에 관물대에 넣어둔 책 한 권을 빼앗겼다. 《포스트모더니즘과 포스트마르크스주의》. 그 놈의 '마르크스' 때문이다. 불온. 덕분에 가뜩이나 꼬인 군 생활 말년의 매듭이 살짝 더 조이게 됐다. 어쩌면 지휘부가 '포스트'의 의미만 알았더라도 그냥저냥 넘어갈 일이었다. 포스트Post는 '다음' 혹은 '뒤'라는 뜻이다. 곧 정통 마르크스주의를 비판하며 여러 가지 대안적 사상을 소개하는 내용이었는데…. 하긴 그들의 시선이 고정관념에 매몰되는 바람에, 더 괴이하고 음흉해 보이는 책은 무사히 지켜낼 수 있었다.

조르주 바타유Georges Bataille의 《에로티즘 L' Erotisme》. 그야말로 시뻘건 바탕에 여인의 나체를 크로키 형식으로 그린 표지가 인상적이다. 제목과 겉모습만 보면 영락없는 '빨간책'인데, 막상 책장을 펼치면 5분도 집중하기 어렵다. 생경한 개념과 복잡한 논리로 점철된 애오라지 철학서다. "노동을 하고 죽음을 의식하고 성행위를 부끄러워하게 되면서" 인간은 동물성을 극복했다. 그리고 이와 관련된 금기를 만들어 우월한 문명을 유지할 밑받침으로 삼았다. 예컨대 사람이라면 열심히 일해야 하고 살인하지 말아야 하고 이웃의 아내를 탐하면 안 된다 운운.

그러나 아무리 만물의 영장입네 뻐겨도 인간의 몸에는 여전히 짐승의 피가 흐른다. 금기를 두려워하면서도 그것을 위반하고 싶어 하는 양면적인 심리. 뭐, 새삼스러울 것도 없다. 몸이 밥과 똥과 함께 맺은 혈맹관계를 벗어나지 못해 그런 것이니. 바타유의 독창성은, 인간의 성욕은 생물적 본능이 아닌 사회적 산물이라고 규정한 점에서 두드러진다. 여느 동물처럼 때 되면 치미는 게 아니라, 세상이 금한 것을 범하고 싶단 생각에서 성욕이 발동한다는 지적이다. 동물적 욕구가 몸이 하라니까 하고 싶은 것이라면, 인간적 욕구는 법이 하지 말라니까 하고 싶은 것이다. 불륜을 저지르고 싶은 까닭은 그것이 불륜不倫이기 때문이다.

금기의 준수는 윤리를 넘어 생존의 문제다. 사람답게 살려면 세상이 하지 말라는 건 하지 않는 게 옳고 더구나 이롭다. 주어진 길을 거부하거나 정해진 몫 너머를 바라는 건 금물이다. '훔친 사과가 맛있다'는 농담을 간혹 즐기는 정도에서 절제할 줄 알아야, 구속과 망신을 면한다. 그러나 남몰래 길에다 침을 뱉는 일 따위의 쾌감으로 만족하기에는, 문명의 '노출'이 너무 심하다. 문득문득 마음 깊은 곳 어딘가 음습한 데서, 일상의 빈틈을 덮치라고 속삭인다. 권태가 길면 바람이 분다.

치명적인 금기에 대한 화끈한 위반은, 들킬 경우 삶을 파괴한다. 반면 그러한 최악의 선택에서 오래 두고 씹어도 질리지 않을 추억이 꽃핀다. 물론 죽음보다 더한 고통이, 짧았던 쾌락을 파먹으며 가지를 뻗는다. '죽지 못해 사는 것'과 '살기 위해 죽는 것'이란 화두를 양손에 쥐고 값을 견준다. 고민의 시간은 평생토록 이어질 수도 있다. '벌임'과 '지킴'의 갈림길에서 서성이거나 실수하거나 낄낄대거나 욕을 먹는 게 인생이다. 금기의 채근과 위반의 유혹 사이에서 자아는 언제나 위태롭다. 그리고 행여 망설이지 않는다면 그는 벌레이거나 화석이다.

목숨은
예견과 원칙 밖으로
자주 달아난다

옛날 어떤 노파가 외딴 암자의 한 스님을 뒷바라지하고 있었다. 끼니때가 되면 딸의 손에 밥을 들려 암자로 보냈다. 공양한 지 20년이 되던 즈음, 노파는 스님의 도력을 시험해보고 싶었다. 딸에게 스님을 와락 껴안으라 하고는 무슨 느낌이 드느냐고 여쭈라 시켰다. 딸의 '도발'에 당한 스님의 대답. "마른 나무(枯木)가 찬 바위에 기댔으니 한겨울에 따뜻한 기운이 없도다." 딸이 돌아와 고하니 노파는 별안간 크게 노했다. "내가 20년 동안 한낱 속한(俗漢)의 수발을 들었구나!" 득달같이 스님에게 달려간 그녀는 암자에 불을 질러버렸다.
《선문염송禪門拈頌》

'파자소암婆子燒庵'은 위험한 화두다. 승려에게 음행이란 가장 치명적인 파계다. 일평생 청정했을 스님이 한낱 여염집 늙은이의 장난에 신세가 우스워질 뻔했다. 다행히 현명하게 대처한 결과, 계법과 체통을 건사했다. 이성과 계산만으로 욕정을 꾸짖어 내쫓을 수 있을까. 모질고 끈질긴 수행으로 마음속의 짐승을 엄히 훈육한 대가일 것이다. 바른 공부를 바른 실천으로 옮기며 삶을 반듯하게 축성築城한 덕분이다.

이야기는 스님의 예도를 받들고 본받으라는 선에서 끝나야 바람직하고 게다가 안전하다. 그러나 '부처를 만나면 부처를 죽여라' 혹은 '도道는 똥 덩어리'라는 화두에서 보듯 화두의 묘미는 반전이다. 돌연 노파는 스님의 계행戒行에 진노하며 아예 그의 살림을 거덜내버렸다. 지극정성으로 모신 '님'에 대한 실망, 지극정성을 낭비한 스스로에 대한 원망의 표현이다. 얼핏 그녀는 아름답게 늙은 목석이 아니라, 늙어서도 살아 날뛰는 불꽃을 그리워했던 모양이다.

제자의 어리석고 산란한 정신 상태를 스승이 따끔한 말 한마디나 꿀밤 한 대로 확실히 고쳐놓는 게, 화두의 일반적인 구성이다. 결국 모든 화두는 화두를 끝맺는 자가 승자다. 파자소암을 검증된 화두, 즉 공안公案으로 채택한 쪽도, 은근히 노파의 손을 들어주고 있는 셈이다. 그녀의 진짜 속내를 알아맞히는 게 깨달음인 거다. 여러 추측과 예단이 가능할 텐데, 다음은 파자소암에 대한 보편적인 해석이다.

스님은 품으로 파고드는 노파의 여식을 무턱대고 내칠 게 아니라, 따뜻이 안아주고 등을 토닥이면서 이렇게 말해야 했단다. '20년 동안 나를 위해 수고해줘서 고맙구나.' 마음을 철저히 닫고 사는 선객의 까칠한 성정에 대한 비판이고, 여자 이전에 사람을 보며 법도에 충실한 동시에 인정人情도 소중히 여기라는 당부다. 금욕에 대한 집착도 집착이며, 죽을 때까지 중생을 위한 그늘이 되어주는 게 진정한 고목枯木의 자세라는 훈계다.

여러모로 살폈을 때 스님은 이 길을 따라야 했다. 노파는 공양의 보람을 거듭 느끼고, 그녀의 딸은 민망하지 않았을 것이며, 스님은 한결 두터운 신망을 얻었을 것이다. 건전하지만 신선하고, 흥미롭지만 천박하지 않은 결말이다. 물론 이것은 뭇 사람들의 권선勸善일 뿐, 정작 노파의 본심은 확인할 길이 없다. 어쩌면 정말로 고매한 인격의 사위를 얻고 싶다는 변태적인 속셈에, 스님의 패륜을 기대했을지도 모를 일이다. 게다가 상식적으로 젊은 처녀의 몸이 안겼는데 불쾌할 순 있을지언정 느낌이 없을 순 없다. 위선?

내가 요구하지 않았어도 받아들여야 하는 것, 그게 목숨이다. 의도되지 않은 목숨은 그래서 예견과 원칙 밖으로 자주 달아난다. 누구나 거리에서 길을 물어보는 할머니를 만날 수 있듯, 파자소암의 낭패는 언제 어디서나 닥칠 수 있는 경험이다. 또한 누구나 스님은 아니며, 지켜야 할 것이 적고 엷을수록 방황하고 오판하기 쉽다. 비단 간음만이 아니다. 추악하고 저질스러우며 충동에 헐떡이는 상황은 세상에 차고 넘친다. 무엇에 던져지더라도 갈등을 겪기는 매한가지다. 근사한 미담을 만들며 슬기롭게 곤경을 모면할 수도 있겠지만, 불을 함부로 만져 몸을 상할 수도 있다. 금기를 지키는 것과 깨는 것은 한순간인데, 결과와 평판은 극단으로 갈린다. 법률과 윤리의 버림을 받아 나락으로 떨어질 때, 함께하는 건 후회와 절망뿐이다. 더욱 어처구니없는 건 그래도 삶은 계속된다는 것이다.

잘못 들어선 길도 길이다

깨닫고 싶은가. 다만 남에게 끄달리지 않으면 된다.
안에서나 밖에서나 만나는 대로 죽여라.
부처를 만나면 부처를 죽이고 조사를 만나면 조사를 죽여라.
부모를 만나면 부모를 죽이고 친척을 만나면 친척을 죽여야 비로소 해탈할 것이다.
보이고 만져지는 세상에 얽매이지 않는 그대, 뼛속까지 자유로워지리라.
《임제록》

오무간업五無間業은 지옥 중의 지옥인 무간지옥에 떨어질 다섯 가지 악행을
가리킨다. 아버지를 죽이는 살부殺父, 어머니를 해치는 해모害母, 부처님의 몸
에 피를 내는 출불신혈出佛身血, 승단僧團의 화합을 깨는 파화합승破和合僧, 경
전과 성상聖像을 불태우는 분소경등상焚燒經等像을 일컫는다. 인간이고 불자
라면 한눈에 봐도 입이 벌어지고 치가 떨릴 만한 죄업이다. 그런데 임제의현
선사는 외려 '진짜 부처가 되려면 오무간업을 저질러야 한다'며 죄업을 권장
했다.

천하의 망언이다 싶지만, 부연설명을 들어보면 어지간한 벽창호가 아니고

선 수긍할 만하다. "아버지를 죽인다는 것은 무명無明을 없애는 일이요, 어머니를 해친다는 것은 애욕愛慾을 끊는 일이다. 부처님의 몸에 피를 낸다는 것은 한 생각도 내지 않고 무한한 자유를 누리는 일이요, 승단의 화합을 파괴한다는 것은 꾸밈없는 허공에 도달하는 일이다. 경전과 성상을 불태운다는 것은 일체의 형상을 초월하는 일이다."

선사의 사자후는 모든 인연으로부터의 해방, 모든 권위로부터의 탈주를 주장하고 있다. 진정으로 사람답게 살고자 한다면 사람처럼 살지 말라는 것이다. 그가 최고의 인격체로 무위진인無位眞人을 설정했다는 건 유명한 사실이다. 쉽게 말해 자리가 없는 사람, 자리에 연연하지 않는 사람이다. 재물에 초연한 사람, 신세에 개의치 않는 사람이다. 어떤 명예도 거절할 수 있는 사람, 어떤 굴욕도 감수할 수 있는 사람이다. 무심히 말하고 일하는 사람, 있는 그대로 사는 사람이다.

애석하게도, 현실에는 없는 사람이다. 천륜과 인륜의 통제와 참견 속에서 사람은 사람으로 커가고 사람으로 보호 받는다. 허구한 날 못 살겠다고 지청구를 씹으면서도, 막상 어마어마한 자유를 던져주면 겁을 집어먹는 게 인지상정이다. 물론 일부러 금기를 깰 필요는 없다. 결정적으로 금기의 위반은 그것을 당하는 쪽에나 곁에서 지켜보는 쪽에나 웬만해선 낫지 않는 상처를 입히기 때문이다. 그러나 삶은 길어서, 언제고 넘어질 수 있다. 아무리 옹골찬 채식주의자라도 일생에 두어 번은 담배연기 자욱한 선술집에서 순대국

밥을 뜨게 된다.

아담과 이브가 따먹은 것은 그저 과일이고 판도라가 연 것은 그저 상자다. 금기는 마음에 떠도는 풍문일 뿐 실체가 없다. 생각이 만든 생각이요 권력이 쳐둔 담장이다. 사람을 위한 금기는 유효하다. 하지만 금기를 위한 금기는 악습이다. 불의와 미혹을 지속시키려는 금기의 횡포에, 시험 날 아침 무심코 미역국을 먹어버린 학생은 끙끙 앓다가 끝내 자멸하고, 이른바 천민들은 자신들이 정말 천민인 줄 안다.

민폐를 끼치지 않는 범위 내에서라면 극단적으로 자유롭고 싶다. 죽음과 (자연적 죽음이든 사회적 죽음이든), 죽음을 앞세워 허세를 부리는 온갖 불안과 공포를 박살내고 싶다. 그러나 지금은 남의 땅, 빼앗긴 들이라고 봄이 도통 올 생각을 않으니 미칠 노릇이다. 그래도 혹시나 싶어 푸석한 마음에 꽃씨를 심는다. 잘못 들어선 길도 길이며, 길이 아니더라도 내가 가면 길이 된다.

살아 있다면,
그저 살아내면 된다.

휴식

앞
생
각
에

뒷
생
각
을

덧
붙
이
지

않
으
면

자족보다 값진 승리는 없다

봄에는 꽃이 피고 가을엔 달이 밝다.
여름에는 시원한 바람 불고 겨울엔 눈 내린다.
무엇이든 마음에 담아두지 않고 한가롭게 지낸다면,
이것이 바로 좋은 시절이라네.

무문혜개無門慧開, 《무문관無門關》

'휴식형' 템플스테이가 인기다. 말 그대로 쉬고 싶어서 절을 찾는 사람들을 위해 만들어졌다. 프로그램도 단출하고 규율도 녹록한 편이다. 고성방가와 노상방뇨를 삼가고 예불禮佛과 식사시간 정도만 준수하면, 1박2일 동안 자유롭게 산중휴山中休를 즐길 수 있다. 혼자 오는 경우도 많은데, 고독한 여행자들은 20~30대 직장인이 다수다. 주지스님과의 다담茶談은 이런저런 고민을 털어놓는 자리다. '함께하고 싶지 않은 사람들에 둘러싸여, 하고 싶지 않은 일을 하고 있는데, 언제까지 이 일을 하고 있어야 하느냐'는 푸념이 주류다.

체험자들의 후기를 읽어보면 의외로 사소한 데서 놀라운 쾌감을 느끼는 것을 알 수 있다. "하루 종일 계곡에 발을 담근 채 책을 읽고 음악을 듣고 있어도 아무도 나를 찾지 않는 자유", "생각을 하지 않아도 아무런 문제가 생기지 않는 신기함", 그리하여 "들리는 모든 것이 평안하고 보이는 모든 것이 아름답다"는 술회. 굳이 내가 참견하지 않아도 세상은 굴러간다는 성찰과, 세상이 도와주지 않아도 행복할 수 있다는 희망을 얻은 것이다.

한 달간 회사를 쉰다. 월급을 받지 않는, 사실상의 실직이다. 지갑이 비어서 사뭇 걱정이지만, 속은 편해서 다행이다. 꼴 보기 싫은 놈들 안 봐서 좋고, 연기演技하지 않아도 돼서 좋다. 적어도 집안에서는 느낌대로 움직이고 성질대로 말할 수 있다. 일상을 멋대로 소비해도 누구 하나 성가시게 굴지 않는다. 아내가 있지만, 그녀는 내 유일한 친구다. 요즘의 근황은 삶의 궁극적 목표였던 무위도식無爲徒食에 근접해 있다. 가끔, 이 자리에서 당장 허물어져버리고 싶다.

나이를 먹을수록 생활의 둘레가 점점 쭈그러든다. 익숙하고 만만한 것들만 상대하려 들고, 낯설고 거친 것들과의 교감은 귀찮기만 하다. 뭔가 대단한 걸 성취하거나 남을 이겨먹겠다는 욕심도 차츰 기력을 잃는다. 그리고 그 욕심이 더는 재기할 수 없게끔 언제나 몸조심 마음조심이다. 나태하다 손가락질을 당하고, 애늙은이라 욕을 먹어도 개의치 않는다. 본래 자족自足보다 값진 승리는 없으니까.

꽃이든 달이든 바람이든 눈이든 자연은 언제나 아름답다. 나와 어떠한 이해관계도 없기 때문이다. 일터만 나가면 평상심平常心에 자꾸 물이 스미고 균이 꼬인다. 꽃이 피는 옆엔 반드시 적敵이 있고, 달 밝은 아래엔 항시 싸움이 난다. 이익을 위해 모인 사람들의 동네이니 어쩌면 당연지사다. 진실보다 진영을 고민하고, 소통보다 내통에 눈독을 들이게 마련이다.

내가 아닌 것들은 쉴 새 없이 나를 흔든다. 나 역시 순순히 당하고 싶진 않으니까 반사적으로 습하고 냄새나는 생각에 손을 댄다. 한 푼이라도 더 얻어낼 요량에 최대한 똑똑한 척 점잖은 척이다. 그러니 밥벌이도 일종의 '쇼show'다. 보여주고 싶은 것만 보여주며 숨길 수 있을 만큼 숨겨야 하는 게 노동의 본질이다. 이렇게 본질이 탁하니 중심은 자꾸 흔들린다. 실리만 빼먹자니 노략질과 다를 바 없고, 공익만을 추구하자니 옥살이와 매한가지다. 내 안에서 누군가 열심히 일을 하고 있기는 한데, 누군지도 누구를 위한 건지도 모르겠다. 그저 정진精進이라기엔 석연치 않고 더구나 억울하다.

방법적 무심無心

고목枯木은 봄빛과 이별하고 영양은 돌에다 뿔을 걸었네.

청허휴정淸虛休靜, 《청허당집淸虛堂集》

'심선자心禪子가 길을 떠나다'란 제목의 오언절구五言節句 한시에서 뽑아낸 구절이다. '심선자'란 '마음을 닦는 수행자, 혹은 마음의 원리를 깨달은 수행자'쯤으로 풀어 쓸 수 있겠다. '영양이 뿔을 걸듯'이란 표현은 선가禪家의 오래된 비유다. 본래 영양은 뿔을 나뭇가지에 걸고 허공에 매달린 채 잠을 자는 습성을 지녔다. 맹수의 습격에 대비해 발자취를 지우기 위한 고육책이다. 지은이가 끌어다 쓴 영양의 습관은, 진리란 겉으로 나타난 모양에 있지 않았음을 일러주는 비유다. 설봉의존雪峰義存 선사는 《전등록》에서 "만일 내가 이러쿵저러쿵 말을 하면 대중은 그 의미를 좇겠지만, 내가 영양이 뿔을 걸듯 흔적을 남기지 않는다면 그대들은 어디를 더듬겠는가"라고 질문을 던졌다.

위에 소개한 시는 '나뭇가지' 대신 '돌'이라는 소재로 살짝 틀을 비틀었다. 자신만의 개성을 드러내기 위한 언어유희로 보인다. 다만 흔적, 눈에 보이고 말로 읽히는 것들에 연연하지 않겠다는 본뜻은 그대로다. 돌에다 뿔을 걸었다는 건, 이제 비로소 물질이나 이목耳目에 휘둘리지 않고 마음을 내 마음대로 주무를 수 있는 경지에 도달했다는 자찬自讚이다. 그렇다면 '고목은 봄빛과 이별하고'의 뜻은? '사정이 이러한데 행여 인생에 이른바 봄날이 온다고, 바람이라도 날 줄 아느냐!' 이런 속내이지 싶다.

'청허휴정'은 임진왜란의 영웅 서산대사의 본명이다. 스님의 육필을 모은 《청허당집》을 열면 숨겨져 있던 시인의 면모가 드러난다. 정갈하면서도 기발한 시어와 함께 주목되는 건 고독과 절세絶世에 대한 탐닉이다. "내 마음이 바라는 것, 남들과 함께하긴 어렵다"며 단호히 선을 그었고, "만약 다시 무슨 생각을 하려고 든다면 귀신들의 소굴로 빠져들리라"며 야망을 빙자한 번뇌를 경계했다. 게다가 "여관과도 같은 이 세상, 번갯불에 몸을 맡긴 격"이란다.

현실의 간섭을 거부하는 몽상의 언어들은 대개가 느리고 가벼우며 무책임하다. 당신이 영위하고 희구하는 삶은 참전參戰이란 극단적인 사회참여와 전혀 무관하다. 맑은 가난(淸)과 빈 마음(虛)으로 내내 집에서 쉬며(休) 입 다물고 사는 게(靜) 시적 자아의 정체성이다. 한편으론 전쟁, 억불抑佛, 유생들의 능멸, 무고에 의한 투옥…. 어지간히 혼곤하고 신산했던 역사적 자아를 치유하기 위한 방법적 무심無心이었을 것이다.

외부의 부정적인 자극을 인지하면 온몸에 퍼져 있는 교감신경계가 끓어오른다. 자극이 위험할수록 가급적 많은 혈액을 근육에 급파하고, 호흡의 극대화를 위해 폐를 부풀린다. "더 세게 때리거나 더 빨리 달리기 위한" 본능적인 방어태세 구축이다. 저항 아니면 도주는 생존을 위한 가장 기본적인 선택이다. 곧 피아彼我를 확실히 구분하고 명민한 상황판단을 돕는 교감신경계의 정상적인 작동은, 삶의 안보와 직결된다. 반면 고삐 풀린 교감신경계는 스트레스를 양산하고 신체기능을 교란하면서, 다양한 내과 질병이란 부작용을 야기한다.

이때 휴식과 소화를 담당하는 부교감신경계가 교감신경계를 완화시키면, 마음은 평정을 얻고 인체는 건강을 회복한다. '교감신경계는 생기와 활력을 북돋우고 기회나 위협에 적절히 대응하는 장치란 점에서 매우 중요하다. 다만 명상으로 부교감신경계를 단련해 교감신경계의 지나친 발호를 통제하라.' 《붓다 브레인》이란 책이 설파하는 '행복한 인생'이다. 제정신이 붙어 있는 한 죽을 때까지 자극과 놀아줘야 하는데, 놀아주는 데에도 요령이 필요하다는 이야기다.

마음과 샘물의 공통점

지을 때도 헛것이요 받을 때도 헛것이며
무언가 알아차릴 때도 헛것이요 어리석어 모를 때에도 헛것이다.
그릇되게 살고 있음을 알았으면 그 헛것을 약藥으로 삼아
다시 병病이란 헛것을 치료하면 될 일이다.
대혜종고大慧宗杲, 《서장書狀》

대한불교조계종의 정통 수행법 간화선看話禪을 창시한 대혜종고 선사가,
증천유曾天遊란 이름의 재가 수행자에게 부친 편지의 일부다. 증천유는 오늘
날의 차관급에 해당하는 시랑侍郞에 오를 만큼 성공한 사대부였는데, 불가의
깨달음에도 관심이 많았다. 여러 선사들에게 자문諮問하며 정진하던, 바람직
한 벼슬아치였다. 하루는 마음공부에 진척이 없자 이를 토로하는 내용의 서
신을 대혜 스님에게 보냈다. 일언이폐지하면 "성실한 직장인이자 가장으로
살려고 노력하느라, 수행에 전력투구하지 못하고 어영부영 늙어버렸다"는
하소연이다.

스님의 답장은 인자하면서도 명쾌하다. 우선 "세속에 머물면서 그런 번뇌

를 피하기가 쉽겠느냐"며 "당신의 죄가 아니니 걱정하지 말라"고 다독였다. 아울러 "그런 고민들은 전부 헛것(幻)"이라며 "앞생각에 뒷생각을 덧붙이지 말라"고 당부했다. 수행과 번뇌 따위의 상相에 너무 얽매이지 말라는 게 요지다. 잡념이 아무리 번잡해도 최초의 한 생각만 끊으면 일시에 사라지고 만다. 무슨 생각을 하고 어떤 말을 들어도 결국은 헛것이다. 이렇게 사는 것이 헛것이듯, 이렇게 살지 않는 것, 이렇게 살지 말아야겠다는 것 역시 헛것이다.

스무 살 즈음에 읽은 《도덕경道德經》은 지금껏 유효한 처세론을 알선해주었다. '세상은 스스로 움직일 뿐(무위자연, 無爲自然) 내가 어떻게 한다고 변할 수 있는 게 아니라'는 노자老子의 속삭임은 든든한 위안이 됐다. 또한 '이러한 세상의 흐름을 알고 조응할 때 참다운 변화가 일어나리라'는 조언도 여전히 귀에 울린다. 내가 쉬어야 나 아닌 것들도 쉬는 법인데, 내가 맞장구를 쳐주니까 녀석들이 더욱 기세등등해지는 것이다. 그러니 내가 나의 길만 묵묵히 가는 게, 세상에 대한 선도善導요 삶에 대한 예의가 된다.

《도덕경》에 대한 개인적 해석을 가슴에 새기니, 비난에 덜 슬퍼지고 고초에 덜 아플 수 있었다. 최소한 이렇게 자위할 수 있는 심리적 조건은 마련됐다. 이후 선어록을 훑으면서 머리가 한결 개운해졌다. 달마의 무심無心은 삶에 이유와 목적이 있다면 갈증과 오판은 필연적이란 것을 일깨워줬다. 선사들의 해체와 파괴는 보면 볼수록 기막히다. 그중에 압권은? 고통도 죽음도 아무것도 아닌 걸로 만들어버리는 능력.

내일 눈이 내리지 않더라도 언젠가는 눈이 내릴 것이다. 만물이 일손을 놓고 칩거에 들어가는 계절이다. 가을바람에 나무의 정체가 뽀록난다는 체로 금풍體露金風을 실감한다. 현장검증을 위해 다들 열심히 죽어준다. 살림을 지키고 낙오를 면하려 오랜 시간 세상을 흉내 내고 여론을 따르는 시늉을 해 왔다. 두문불출하며 쉬니까 조금씩 자유로워진다. 입 있는 것들이 연루된 기억은 팔 할이 불쾌하거나 치졸하다. 눈에서 멀어지니 미움도 멀어진다.

물론 겨울이 가면 봄이 오듯이 생업으로 돌아가야 할 날은 기어이 온다. 교감신경계도 다시 광분할 것이다. '나이고 싶지 않은 나', '내 것이 아니었으면 하는 것'들과의 만남이 폭주할 것이다. 그러나 앞생각에 뒷생각을 덧붙이지 않는다면 그나마 살 만해질 것임을 믿는다. 마음은 샘물과 같아서, 반드시 누가 와서 돌을 던지게 되어 있다. 돌을 줍겠다고 손을 넣어봐야 상처는 외려 덧나고 만다. 기다리며 견디고 견디면서 기다린다. 끝내 잠잠해지는 물결을 멍하니 지켜보면서, 인터넷에서 펜션을 뒤지고 여행사를 탐문하는 수고를 던다. 뒤가 무겁지 않은 지금 여기가, 숲길이고 해변이다.

쉬느냐 사느냐, 그것이 문제다.
쉴 수 없다면, 죽지도 말자.

인격이란 것도 껍데기에 불과하다

마음의 길을 따르는 한 행복하면서 불행하고, 행복하지만 불행하고,

불행한데도 행복하기는 누구에게나 마찬가지다.

내가 자연에서 느끼는 유일한 경이로움은 존재론적 단순성이다.

죽음을 기념하지 않는 삶, 삶을 동정하지 않는 죽음.

살아 있을 때는 살아 있음만을 살라는, 가장 위대한 잠언.

자 아

그
대
가

치
욕
이
고

망
상
이
더
라
도

나는, 있다

어느덧 새해다. 물론 헛것이다. 태양은 역시나 태양이고, 어제 차던 바람은 오늘도 차다. 여느 날들처럼 겨울의 조각일 뿐이지만, 1월 1일을 향한 인간세의 편애는 오래된 일이다. 누구나 한 번쯤은 계획을 세운다. 누군가는 누군가의 계획을 훔쳐보거나 베낀다. 각계에서 쏟아내는 신년사는 너나없이 '약속의 땅'을 약속하며, 산으로 올라간다. 작년엔 거리에서 달력을 팔던 상인이, 올해는 안방에서 담배를 자른다.

새로운 마음으로 새로운 인생에 판돈을 걸게 하는 깃. 천문학적 숫자에 달하는 새해들이, 세세손손 별다른 흠결 없이 이행해온 임무다. 그러나 모든 삶이 끝내 죽음으로 복귀하듯, 기대는 머지않아 일상으로 중화된다. 돌아보면 미래는 늘 착오였거나 거품이었다. '내일엔 내일의 태양이 뜬다'는 말은 '직업엔 귀천이 없다'는 말만큼이나 비열하다. 지쳤지만, 지친 기색을 내긴 어

156

렵다. 이런저런 모습과 이름에 놀아나는 게 사회생활의 골간이니까. 심심하거나 심술이 동할 때만 가끔 세상과 놀아주기에, 나는 가난하고 더구나 소심하다.

인간의 두뇌는 부정적인 자극에 더 민감하게 반응하도록 설계되어 있다. 끔찍한 사고의 피해자가 슬픔을 추스르는 데 필요한 시간이, 로또 1등 당첨자가 본래의 권태로 돌아오는 데 걸리는 시간보다 훨씬 길다는 건 통계로 입증된 정설이다. 아픈 기억을 특별히 관리하는 이유는 생존과 관련이 깊다. 외부로부터 자신을 보호하고 차후 비슷한 상황이 재발했을 때, 이에 대한 대응책을 마련하기 위한 방편인 것이다. 즐거우면 아무 생각이 없고, 괴로우면 생각이 많아지는 까닭도 비슷한 맥락이다.

이렇듯 두뇌란 놈의 부지런한 발품 덕분에, 더러운 경험을 할 때마다 마음엔 크고 작은 지진이 난다. 어찌 됐든 잘 살자고 벌인 짓일 터인데 결과는 죽을 맛이다. 폐허 위에 녀석은 간 데 없고 나만 남는다. 통증이 육체를 파먹을 때, 번뇌가 정신을 고문할 때, 나는, 분명히, 있다. 지독하게 아프면 별보다 내가 먼저 보인다. 고통은 내가 나임을, 고작 나임을, 결국 나일 수밖에 없음을 뼈저리게 느끼게 한다.

자아에 대한 불교의 입장은 이중적이다. 독립적이고 고정된 자아란 건 없으니 집착하지 말라면서도(무아, 無我), 인생의 문제를 해결할 수 있는 건 오로

지 자기 자신이라고 역설한다(자등명, 自燈明). 내가 있기 전에도 물은 흐르고 개는 짖었겠지만, 내가 있은 후에야 그것들은 풍경이나 소음이 될 수 있다. 무심히 살아갈 때 자아는 발생하지 않는다. 살아 있음조차 느낄 수 없다. 의식하지 않으면 존재하지 않는 것이다.

그러나 눈을 뜨면 뭐든 보이고 귀를 열면 뭐든 들린다. 그리고 그걸 봐줘야 하고 들어줘야 하는 게 삶이다. 그때마다 자아가 슬그머니 마음에 들어앉는다. 자아는 주체와 세계를 연결하는 숙명적인 매개다. 주체는 자아를 통해 세계를 이해하고 판단하고 극복한다. 동시에 세계는 자아의 검열을 통과하면서 꽃으로 피거나 죄가 되어 드러눕는다. 부부싸움을 할 때에도, 밀린 월급을 받아내야 할 때에도, 세계평화를 이루고 싶을 때에도 자아가 필요하다. 변할 순 있지만 사라지진 않는 것, 보잘것없지만 지켜야 하는 것. 그게 자아다.

나만 없으면 세상은 평화롭다지만

"모든 법이 이미 공空하다면 누가 도를 닦습니까?"
"누구라는 것이 있으면 도를 닦아야 하지만,
누구라는 것이 없다면 도를 닦지 않아도 된다.
누구라는 건 결국 나다."

보리달마菩提達磨,《안심법문安心法門》

보리달마는 부처님의 28대 법손이다. 달마가 중국에 발을 디뎠을 때, 당시 중원의 남쪽을 지배하던 양梁의 무제武帝가 그를 영접했다(남북조시대). 양무제가 경전 편찬과 승려 양성의 공덕을 자랑하자, 죄다 부질없는 짓이라며 대놓고 면박을 준 일화는 유명하다(《벽암록》 제1칙). 의례儀禮와 불사佛事라는 외형적 성장에만 치중하던 중국불교의 풍토를 질타하면서, 본령으로의 회귀를 강조한 것이다.

황제와 두말없이 결별한 달마는 소림사少林寺에 들어가 은둔했다. 거기서《심경송心經頌》,《파상론破相論》,《이종입二種入》,《안심법문安心法門》,《오성론悟性論》,《혈맥론血脈論》등 여섯 편의 저작을 남겼다. 이름 하여 소실육문少室

六門에 나타난 그의 불교는 간단명료했다. 불교의 처음이자 끝은 예불禮佛도 지계持戒도 독경讀經도 아닌 오직 견성見性이란 소신. '고통은 마음을 거쳐야 비로소 고통이 된다. 부처님도 내 마음이 알아줘야 부처님이다. 그러니 절에 가기에 앞서 절에 가겠다는 그 마음부터 보라'쯤으로 갈음할 수 있다.

자심진불自心眞佛은 달마에서 시작된 선불교의 사상적 근간이다. "마음이 곧 세계(心體是法界)"이며 "마음이 멸하면 깨달음을 얻는다(心滅道成)". 그러므로 시비是非는 허구다. 나 스스로 옳다 그르다 여길 따름이지 그 자체로 옳고 그른 것이 아니다. 굳이 말하자면 '그냥 그런 것'들이다. 선악善惡도 희비喜悲도 정사正邪도 청탁淸濁도 곡직曲直도 시비와 한패다. 삶은 그저 흘러가는 강물과 같으니, 슬퍼하거나 노여워할 필요가 없다는 위로다.

그렇다. 누구라는 게 있으면 도를 닦아야 한다. 비단 도 닦는 일뿐인가. 계율도 지켜야 하고 공부도 해야 한다. 돈도 많이 벌어야 하고 인간관계도 챙겨야 한다. 그러나 누구라는 게 없다면 모두가 사족이요 신기루다. 강물을 건널 만큼의 뱃삯과 멀미를 버틸 만큼의 체력이면 충분하다. 누구라는 건 결국 나다. 나이고 싶은 나, 배알이 꼴리거나 쪽팔려야 할 나를 염두에 두지 않는다면 그날그날이 호시절이다. 요컨대 나만 없으면 세상은 평화롭, 단다.

소림사에서 9년이나 이어진 달마의 벽관壁觀은 체제와의 불화로 인해 스스로 자청한 유배인 셈이다. 달가운 경험이었을 리 없다. 당대의 제도권은 그의 선법을 마설魔說로 규정했다. 핵심만 다루는 법문은, 부처님의 권능과 승단의 위계를 부정하고 불자들의 선행善行을 흐리는 막말로 해석됐다. 마침내 스님은, 게다가 스님에 의해 죽임을 당했다. 계속되는 독살 위기를 간신히 모면하던 중 여섯 번째 독약에 기어이 당해 생을 마감했다. 누구보다 자아에 시달렸을 개인사라 할 만하다.

달마는 죽음의 순간까지 암살자를 실토하지 않았다. 베어야 할 적이 너무도 많았기에, 차라리 베이는 나를 잊는 편이 더 나으리라 여겼을 것이다. 감동적인 것은 모두 슬픈 법이다. "밖으로는 모든 인연을 쉬고 안으로는 헐떡임이 없어 마음이 장벽과 같으면 능히 도道에 들어가리라《이종입》." 마음을 닫는다는 관념보다, 닫고 싶어서 발버둥 치던 현실이 먼저 와서 눈에 밟힌다. 달마의 무심無心은 내게 사실 이전에 신념이다. 배알이 꼬리거나 쪽팔릴 수밖에 없는 실존을 견디기 위한 방법적 무심.

내가 없다면 얼마나…

마음은 몸이 없으므로 있는 것이 아니다.
하지만 생각이 멈추지 않으므로 없는 것도 아니다.
하지만 생각은 헛것이므로 있는 것이 아니다.
하지만 헛것은 영원하므로 없는 것도 아니다.
《안심법문》

마음은 끊임없이 자아를 요구한다. 자아는 나와 함께 눈뜬다. 옆을 돌아
보니 생각도 벌써 일어나 이불을 개고 있다. 간밤에 꿈이라도 꿨다면 생각은
야근을 했을 것이다. 세상은 마음의 투영이다. 헛것과 악수를 하고 헛것과 밥
을 먹는다. 헛것이 심기를 건드릴 때마다 덜 시끄럽고 덜 악랄한 헛것을 좇는
다. 더 좋은 헛것을 위해 공부하고 더 나은 헛것을 찾아 명상을 한다. 마음은
제가 편안해지고 싶은 요량에, 어떻게 좀 해보라고 자꾸만 나를 들쑤신다.

하도 못 살게 구니까 멱살이라도 잡고 따지고 싶은데, 마음은 만져지지
않는다. 배후에서 지시할 뿐, 전면에 등장하지 않는다. 어디에도 없지만, 언
제나 있다. 모든 것은 마음이 만들고 부순다. 마음의 바깥에선 아무 일도 일

162

어나지 않는다. 마음이 저지른 삶을 내가 받는다. 살아 있는 한, 거부할 수 없다. 때로는 즐겁고 때로는 괴로우니 결국 괴롭다. 궁극적 괴로움 속에서 마음이 빚은 자아는 뼈를 키우고 살을 불린다. 세상을 자아로 뒤덮고 싶다는, 최소한 내 편이 되어주길 바라는 욕망.

미하이 칙센트미하이가 지은 《몰입의 기술》은 내적 보상의 중요성에 관한 책이다. 몰입이란 "행동과 의식의 합일"이다. 무언가에 열중하지만 열중한다는 생각이 없는 상태다. 등반가는 암벽과 하나가 되고, 도박사는 손에 든 패와 하나가 되는 물아일체物我一體. 생각이 없으니 결과에 대한 집착도, 패배에 대한 두려움도 차단된다. 만약 금전과 명예에 대한 기대가 끼어든다면 이는 불완전한 몰입이다.

칙센트미하이는 "외적 보상만이 판치는 세태가 인간성의 말살과 지구자원의 고갈을 야기한다"고 경고하면서 "노동에서 순수한 재미를 찾는 자기만족의 훈련이 절실하다"고 제언했다. 무언가에 구체적이고 지속적으로 미치면, 다른 무언가를 탐하지 않게 되는 법이다. 밥을 안 먹어도 그만이고 주변에서 비웃어도 괘념치 않는다. 일심一心으로 무심無心이 되면, 존재의 이유는 단순해지고 모양은 소박해진다. 무아는 역설적으로, 자아에 대한 완전한 만족으로 얻어지는 것이다.

마음의 비위를 건드리지 않는 것, 이것이 나의 안심법문이다. 마음의 혈육인 자아에 딴죽을 걸지 않기. 뒤틀린 대로 망가진 대로 그 역시 '나'임을 받아들일 때, 마음도 고개를 숙이는 것을 여러 번 체험했다. 내게는 나만의 역사가 있으며 나만의 양심이 있다. 설령 그게 치욕이고 망상이더라도. 판세가 어떤 양상으로 전개되든 삶은 삶으로서 존귀하다. 누구에게나 공정한 죽음이 이를 보증한다. 천당과 지옥이 이를 어쩌지 못한다.

다만 자아의 크기가 아닌 깊이를 묻고 싶다. 남이 알아주는 내가 아니라 내가 알아주는 내가 되었으면. 세상을 따라하려는 순간 없어도 될 나까지 몰려와 나를 흔든다. 불행을 부정하는 순간 내 책임이 아닌 불행까지 나타나 통성명을 강요한다. 나의 공감을 기다리는 '지금 이렇게 생겨먹음'. 닫힌 마음으로 마음을 바라보면 '도를 닦는다'는 것은 '도를 닦지 않는다'는 것의 반대말에 불과하다는 걸 자못 느끼게 된다. 그 눈부신 쇄국의 땅에선 성공의 반대말은 '실패'가 아니라 '성공하지 않은 것'이라는 논리가 통용된다.

나는 나의 오류를 믿는다.

돈

「마음이 부자면 된다」는 말의 안쓰러움

조ㅋ 씨의 종이 되고 싶다

대개 서민들은 상대방의 재산이 자기보다 열 배가 넘으면 그를 헐뜯고,
백 배가 넘으면 그를 두려워하며,
천 배가 넘으면 그의 심부름을 달게 하고,
만 배가 넘으면 그의 하인이 되고 만다.
사마천司馬遷, 《사기史記》 '화식열전貨殖列傳'

'화식'은 재산을 불린다는 뜻이고 '화식열전'은 옛 중국의 내로라하던 부
자들에 관한 이야기다. 사마천의 말투는 차갑고 직선적이다. 노자老子가 꿈
꾸던 소국과민小國寡民을 비판하며 현실론을 펼친다. 나라는 작아야 하고 백
성은 적어야 한다는 소국과민. 국민들의 국가 간 왕래를 금지해 새로운 문
물에 대한 탐욕을 차단하고, 차별과 경쟁을 유발하지 않도록 인재人才는 일
부러라도 박대해야 한다는 주장이다. 곧 체념과 자족을 독려해 왕권과 민생
의 안정을 도모한다는 이데올로기다.

그러나 사마천은 "귀와 눈은 아름다운 소리와 빛을 즐기고, 입은 맛있는
고기를 찾아 헤매며, 몸은 편하고 즐거운 생활을 원하고, 마음은 권세와 영

화를 자랑하는 풍속이 만연한 지 이미 오래"라고 일갈했다. 차라리 인지상
정을 받아들이고 합법적인 매매와 통상을 장려하는 게 순리요 애민愛民이라
고 반박했다. "부자가 되는 데엔 고정된 방법이 없으며 재물 또한 주인을 따
로 정해놓고 움직이지 않는다." 다음은 특별한 방법을 쓴 덕분에 재물의 열
렬한 사랑을 받았던 거상들의 예화다.

　전란 중에 대부업자들이 불확실성을 염려해 지갑을 닫고 있을 때, 무염無鹽
씨만은 주변에 흔쾌히 돈을 빌려줬다. 전쟁이 끝난 뒤 1년 만에, 원금의 10
배에 달하는 이자까지 회수하는 기염을 토했다. 진시황의 진秦이 멸망하자
호걸들은 제국이 남긴 금은보화에만 눈독을 들였다. 반면 임任 씨는 이에 아
랑곳없이 다만 수중의 곡식만 풀지 않았다. 머지않아 초楚와 한漢이 중원의
패권을 가리려 맞붙었고, 농민들은 농사를 지을 수 없게 됐다. 쌀값은 천정
부지로 치솟았고, 호걸들은 귀금속과 임 씨의 미곡을 맞바꿔 가며 끼니를 이
었다.

　조한刁閒이라는 자는 노예를 각별히 아끼고 존중했다. 특히 머리가 비상
한 노예들은 일반적으로 경계하게 마련이지만, 외려 그들에게 중요한 점포를
맡겼다. 주인의 황송한 신뢰에 감복한 노예들은 신명을 바쳤고, 조한은 이들
의 도움으로 수천만금을 거머쥐었다. 저자에는 '벼슬을 하여 나라의 녹봉을
받는 몸이 될 것인가 아니면 조 씨의 종이 될 것인가'라는 선망 섞인 푸념이
회자됐다.

사마천의 부富에 대한 긍정은 일관되다. 단순히 배금주의가 아니라 휴머니즘을 지탱하는 보루라는 관점에서 치부致富를 바라보고 있다. 그는 "집은 가난한데 어버이는 늙고 처자식은 어리고, 철 따라 조상의 제사를 지낼 형편도 못 되며 의식衣食조차 스스로 해결하지 못하면서도, 이를 부끄럽게 여기지 않는다면 참으로 구제할 수 없는 인간"이라고 비난을 퍼부었다. 위선자들에 대한 질타도 매섭다. "줄곧 가난과 천함을 벗어나지 못하는 사람들이 입으로만 인의仁義를 운운함도 한심하기 짝이 없는 일이라 할 것이다."

결국 사람이 사람다워지는 건, 사람다운 언행 이전에 사람답게 대접받을 만한 재산을 가졌기 때문이란 지적이다. 그리고 재산 증식에 대한 열망과 노력은 보편적이고 본능적이다. "무일푼인 사람은 품을 팔고, 약간의 재물이라도 있는 사람은 머리를 짜내 어떻게든 더 벌어보려고 하고, 이미 많은 재산을 가진 사람은 큰 기회를 엿보며" 누구나 사람답게 살기 위해 이렇듯 발버둥이다.

'물신物神'이 이 땅에 내린 섭리

금가루가 비록 귀하다지만
눈에 떨어지면 뵈는 게 없어진다.
《선가습어禪家拾語》

《불설사십이장경佛說四十二章經》은 불법의 핵심을 42장으로 나눠 기술한 경전이다. 부처님이 열거한 '사람이 지닌 20가지 어려움'이 눈길을 끈다. "돈이 많고 지위가 높아서는 인생의 진리를 배우기 어렵고, 가난하고 곤궁하면 타인에게 베풀기 어렵다. 좋은 것을 보고 구하지 않기 어렵고, 모욕을 당하고 성내지 않기 어렵다. (여)색과 욕심을 참기 어렵고, 죽기를 각오하고 어떤 일에 매진하기 어렵다. 부처님의 경전을 얻어 보기 어렵고, 살아서 부처님의 세상을 만나기 어렵다. 널리 배워 두루 연구하기 어렵고, 선지식善知識을 만나기 어렵다. 마음을 평등하게 쓰기 어렵고, 남의 옳고 그름을 말하지 않기 어렵다. 본성을 깨달아 도를 배우기 어렵고, 사람을 가르쳐 부처로 만들기 어렵다. 자만심을 버리기 어렵고, 무식한 사람을 가벼이 여기지 않기 어렵다. 환경에 영향 받지 않기 어렵고, '방편方便'을 이해하기 어렵다. 권세를 가지고 뽐

내지 않기 어렵고, 일에 부딪혀 무심無心하기 어렵다."

구구절절이 지당한 말씀이다. 불자가 아니더라도 쾌히 수긍할 만하다. 실존의 원형을 겨냥하고 있기 때문이다. 다만 왜 이런 고역을 겪어야 하는지 부처님 당신은 딱히 설명이 없다. 어쩌면 장미의 가시나 김밥의 김 혹은 죽음을 위한 태어남처럼, 논리와 윤리의 지배를 받지 않는 운명일 것이다. 씁쓸한 설법에서는 돈과 삶의 끈끈한 결부도 읽을 수 있다. 설법의 첫머리에서 보듯 너무 부유해도 너무 가난해도 사람답게 살기가 어렵다. 전자는 정신적 결핍을, 후자는 사회적 결핍을 촉발하는 탓이다.

좋은 것을 갖고 욕심을 채우려면 돈이 필요하다. 예컨대 연애를 하려면 돈이 든다. 결혼을 하려면 더 많이 든다. 목숨의 연료도, 불사佛事의 동력도 돈이다. 돈이 모이는 길로 권세와 자만심이 따라온다. 어느 재벌 2세의 '맷값' 폭행이 비근한 사례다. 아울러 큰일을 당하면 돈 걱정부터 앞선다. 장삼이사는 병리적 현상보다 경제적 가치로서의 암癌에 오금이 저리다. 삶의 외연과 연륜이 늘면, 소망과 갈구도 살이 찐다. 그래서 100원짜리 인생이나 100억 원짜리 인생이나 죽도록 벌다가 죽긴 매한가지다.

'화식열전'에 소개된 부자들은 동물적인 감각과 선견지명을 지닌 극소수의 귀재들이다. 무염 씨와 임 씨는 '궁窮하면 통通한다'는 시운의 변화를 간파했고, 조한은 인사人事가 만사萬事라는 이치를 실제로 입증해 보인 점이 돋보

170

인다. 무엇보다 아직 궁하기만 할 때 혹은 투자한 인사의 결과가 나타나지 않았을 때, 참고 기다릴 줄 알았다. 남들이 미처 날뛰는 목전의 이익에 현혹되지 않고, 긴 호흡으로 멀리 내다보며 기어이 대물을 낚았다. 어느 시대나 귀감으로 삼을 만한 성공담이다.

하지만 한편으론, 그들의 지복至福이란 절대다수의 주머니를 털어 얻어낸 폭리다. 장부에 빼곡히 적힌 흑자는 한 사람의 열정과 지혜 때문에 거덜이 난 살림의 숫자와 참상을 반영한다. 그러나 아무도 피비린내 나는 내막을 참고하진 않을 것이다. 정확한 타이밍을 읽고 사람의 마음을 이용하는 기술을 익히는 데에만 혈안이 되어야, 그나마 물신物神을 친견할 수 있기 때문이다. 돈이 된다면 '무소유'까지 팔아넘기는 것. 물신이 이 땅에 내린 섭리다.

절망으로 의역되지 않는 빈곤

지난해 가난은 가난이 아니고 올해 가난이 진짜 가난이네.
작년의 가난은 바늘 꽂을 땅이라도 있었는데 금년의 가난은 바늘마저 없구나.
향엄지한香嚴智閑,《사가어록四家語錄》

욕심은 보편이고 본능이다. 대안은 누군가의 양보와 희생뿐이다. 당나라 통혜通慧 스님은 태백산에 들어가 평생 시주를 받지 않고 살았다. 배고프면 열매를 따먹고 목마르면 시냇물을 마셨으며 피곤하면 나무에 기대어 쉬었다. 만년에도 옷 한 벌 이불 한 채였으며 삼베로 엮은 신발을 20년 동안 신었다. 삼베 누더기는 겨울이든 여름이든 바꿔 입지 않았다《치문숭행록緇門崇行錄》. 또한 형악곡천衡嶽谷天 선사의 별명은 지의도자紙衣道者다. 깊은 산중에 박혀 세수도 하지 않고 지냈다. '종이옷'을 입은 까닭은 "자신에게 옷을 지어 바치기 위해 누에를 치는 신도들의 수고를 차마 볼 수 없었기" 때문이다《선림승보전禪林僧寶傳》.

돈이 사람을 살리지만 사람을 망치는 주범도 돈이다. 사람답게 살려면 돈

172

이 필요하고, 돈을 얻으려면 사람답지 못한 일을 감수해야 한다. 사람이라면 도저히 할 수 없는 일을 감행하고, 사람에겐 결코 해서는 안 될 일을 저지르곤 한다. 만약 한 사람이라도 거지가 되길 자청하면 나머지 사람들의 숨통이 트인다. 이들의 기록적인 가난은 제 나름의 방식으로 경제정의를 회복하려는 무위無爲의 몸부림인 셈이다.

앞서 소개한 부처님 말씀대로 '방편'을 이해하긴 어려우나, 이해하면 소득이 만만치 않다. 즉심즉불卽心卽佛의 법문은 마음이 곧 부처임을 알려줘, 마음의 바깥에서 무언가를 구하는 데서 오는 스트레스를 잠재우려는 '방편'이었다. 귀하든 천하든 껍데기이고 잠깐의 물결이라는 격려다. 즉심즉불을 깨쳤으면 속 편하게 지내며 일상에 충실하면 그만인데, 중생은 다시 그 마음을 대상화한다. 마음의 '내면'을 찾고 마음의 '실체'를 궁금해한다. 펄펄 살아 숨쉬던 인생을 특정한 틀에 가두어 냉동과 가열을 반복한다.

욕심이 마음인데, 욕심과 마음을 구분하려 애쓴다. 분노를 삭이겠다고 심리치료를 받으며 돈을 쓴다. 평화롭지 못한 삶을 자책하며 없던 스트레스까지 만들어낸다. 선사들이 재물에 연연하지 않은 이유는 이러한 '분별'과 '규정'에 시큰둥했기 때문이다. 마음이고 나발이고 마음에 담아두지 않은 채, 그냥 살다가 그냥 죽었다. 허나 열에 아홉이 개처럼 벌지 못해 안달을 내거나 개처럼이라도 벌라고 강요하는 사회에서, 무심無心은 비빌 언덕이 없다. 그러니 진짜 선객들이 세속에 적응하지 못하고 바람처럼 떠돌밖에.

돈으로 모든 것을 살 순 없지만 거의 모든 것을 살 수 있다. 성스러움은 대부분 호화로움이다. 펜이 칼보다 강하다지만, 펜과 칼 모두를 매수할 수 있는 게 돈이다. 카드빚은 자살률과 절친하다. 부의 독과점이 현실이듯 행복도 사람을 가린다. 사람 나고 돈 났다지만 쓸모없는 선후관계다. 이와 같은 사실을 아는 사람과 모르는 체하는 사람과 욕하는 사람과 재해석하는 사람이 모여 돈을 다툰다. '부자 되세요'라는 희롱은 차라리 노골적이어서 좋다. '마음이 부자면 된다'는 자위는 뿌리 깊은 열등감의 변주로 들려 되레 볼썽사납다.

선사들이 가려는 세상은 아무것도 없는, 아무것도 없다는 것마저 없는 세상이다. 뼛속까지 비우고 뼈마저 갈아 마시겠다는 탈공脫空의 의지다. 바늘 꽂기도 비좁은 옹색함도 성이 안 차, 바늘마저 내버린 야멸침을 지향한다. 물욕을 행복으로 미화하지 않으며 빈곤을 절망으로 의역하지 않는다. 이를 본받아 없으면 없는 대로, 있어도 없는 척하며 산다. 어차피 불행과 죽음은 뇌물을 받지 않는다. 필요한 만큼만 소유하고 필요한 만큼만 성질내는, 마음의 긴축.

소문난 잔치일수록 쓰레기가 많은 법이다.

교육

서울대도 호떡이고 호떡장사도 호떡이다

사람답다면 사람다움을 입증하라

"아직도 날… 노비로 생각하는가." (송태하)
"세상에 매여 있는 것들은 말이야, 그게 다~ 노비란 말씀이지." (이대길)
　드라마 '추노' 최종회

　　서울 동북부의 빈촌에 위치한 인문계 고등학교를 다녔다. 학창시절 추억
을 휘저으면 경쟁과 피로, 부당과 폭력만 주걱에 걸린다. 학문의 전당? 병영
에 가까웠다. 무언가를 배우기에 앞서 관리됐고, 무언가를 깨치려면 십중팔
구 맞아야 했다. 지금의 '갇혀 있음'이야 그나마 임금이란 보상이라도 있다.
오직 '내신' 때문에 등교했고 교칙을 위해 존재했다. 시험과 진학을 위한 지
식은 수업보다 문제집에서 더 많이 얻었다. 독서실에 무문관無門關을 쳤고, 칸
막이 책상의 형광등 불빛에 기대어 마음의 안쪽 곳곳을 돌아다녔다.

　　사람을 풍경 이상으로 취급하지 않았고, 자의식으로 철탑을 쌓던 면벽의
세월이었다. 오늘날의 자아정체성은 그때 상량上樑됐다. 반골의 출발점이었
고 철학의 진원지였다. 한편으론 귀 막고 입 닫고 살아온 부작용일 텐데, 현

실과 운명의 '등치等置'에도 능한 편이다. 무력한 나를 아끼지만, 무력해서 잘 믿지는 못한다는 이야기다. 어쨌거나 스스로에 대한 옹호와 단련의 반복은 10대 시절에 터를 잡았다. '품행'이나 '훈시' 따위의 단어에 염증을 내면서, 가장 훌륭한 스승은 반면교사反面教師라고 믿기 시작했다. 갖은 고생 끝에 대학 문턱을 넘을 때, 마음에 한 가지 짚이는 것이 있었다. 나를 가르친 건 팔 할이 나였다.

2010년 세밑 불교계의 국제구호활동 취재를 위해 캄보디아를 다녀왔다. 12월 말인데 현지는 한여름 날씨였고, 출발 전날부터 말라리아 예방약을 먹어야 했다. 발을 디디자, 가난한 나라의 가난한 변방이 먼지와 땀이 되어 밀려왔다. 전기와 수도가 없었고 학생들은 맨발이었다. 7박8일간 봉사단은 맨밥에 반찬 한두 가지로 끼니를 때웠다. 특식으로 컵라면이 나오는 수준이었다. 그러나 어둡고 목마른 땅이었음에도 아이들은 궁벽의 고향을 욕하거나 서러워하지 않았다.

한국인 손님들은 가난에 연연하지 않는 그들의 웃음과 활기를 흔쾌한 마음으로 함께 즐겼다. 그래서 기사의 제목을 '베풀러 왔다가 오히려 배우고 갑니다'라고 뽑았다. 기억할 만한 명랑, 기념할 만한 순정이었다. 지금껏 귓전을 맴도는 어느 인솔교사의 한마디도 소개한다. "고3 올라가는 애들 한 달 과외비가 줄잡아 400만 원입니다. 해외봉사로 1주일치 수업을 빠지게 되면 100만 원을 손해 보는 거죠. 참가비 100만 원까지 포함하면 도합 200만

원이 깨지는 겁니다. 자녀를 여기에 보낸다는 게 부모 입장에서는 진짜 쉽지 않은 일이에요."

정부가 발표한 2010년 초 · 중 · 고생 사교육비 규모는 20조9000억 원이다. 서울시의 한 해 예산과 맞먹는다. 시민 전체가 오직 사교육만 받거나 사교육으로만 먹고산다는 의미다. 전국의 학원 강사는 30만8219명. 출생부터 대학 졸업까지 자녀 1인당 평균 양육비 총액은 2억6204만 원이며, 부모들은 이 가운데 가장 높은 비중인 23%를 사교육에 쓴다. 자식을 위한 사교육인지 사교육 종사자들을 위한 사교육인지 파산을 위한 사교육인지 종잡기가 어렵다.

하긴 교육도 하나의 서비스업임을 고려하면 온갖 폐해를 선뜻 납득할 수 있다. 한 인간의 실력과 인격을 계량화해 산술적 가격을 부여하는 일이 대세인 사회에서, 사람답게 살려면 자신이 사람답다는 걸 입증해야 한다. 스스로 할 수 있다면 다행이지만, 안 되면 주변의 도움을 빌려야 한다. 결국 사회경제적 사람다움을 육성하기 위한 수단이자 비용이 교육인 셈이다. 아울러 귀한 도움일수록 비싸다는 건 상식이다. 인간은 그 자체로 존엄하다 혹은 생명은 값을 매길 수 없다는 호소는, 생업의 현장에서 외면받기 십상이다.

'쩐'과 '쯩'에 대한 사회적 합의

"어떤 것이 부처와 조사를 뛰어넘는 말입니까?"
"호떡!"

운문문언雲門文偃, 《벽암록碧巖錄》 제77칙

이제는 공부도 매매가 가능하다. 공부를 한다는 긍지, 공부로 얻은 역량보다 공부를 했다는 증거가 가장 중요하게 다뤄지는 세태다. 이른바 '스펙'이 능력의 우열을 구분하는 주된 잣대로 등극한 지 오래다. 구직자들은 자신이 훌륭한 인재임을 알리기 위해 이런저런 학위와 자격증을 딴다. 더러는 사거나 조작한다. '쩐錢'이 '쯩證'을 낳고 '쯩'이 '쩐'을 낳는다는 인식은 바야흐로 사회적 합의로 자리잡아 가고 있다.

서류상의 아무개가 아무개의 진면목이다. 공부를 했다는 증거는, 증거에 걸맞은 인생도 설계해준다. 이력서의 두께와 증명서를 발급해준 기관의 위상에 준하는 직업과 취미, 결혼 등을 지정해준다. 당사자들은 그간 쏟아 부은 땀과 돈이 아까워서라도 맞춤형 플랜을 순순히 받아들이게 마련이다. 게임의 법칙을 기꺼이 확산시키고 세습하면서, 체제는 한결 단단해지고 반듯해진다. '서울대 나온 사람은 호떡장사를 해도 잘한다'와 '서울대 나온 사람은 호떡장사를 하면 안 된다'는 얼핏 상반된 명제가, 조화롭게 세상을 지배하는 시대다.

운문 선사는 호떡을 입에 달고 살았던 인물이다. 물질로서의 호떡을 즐겨 먹었고, 언어로서의 호떡을 주제로 자주 설법했다. 호떡을 씹으며 중얼거린 "천신天神의 콧구멍을 물어뜯는다"는 말에는 재치와 기백이 번뜩인다. 제자가 자신의 불성을 드러내지 못하고 끙끙 앓으면 "호떡 값을 되돌려 달라"며 다그쳤다. 당신이 애용한 '호떡'은 평상심平常心에 대한 환기喚起로 들린다. 깨달음을 묻는 질문에 밥그릇이나 닦고 차나 마시라던 조주종심趙州從諗 선사의 대답과 맥락이 닿는다.

분별과 편견을 걷어내면 만물은 있는 그대로 균등하다는 것을 알 수 있다는 뜻이고, 모든 현상을 긍정하되 집착하지 말라는 뜻이다. 곧 운문 선사에게는 천신도 호떡이고 불성도 호떡이다. 서울대도 호떡이고 호떡장사도 호떡이다. 눈에 밟히고 발에 차이는 것은 전부 호떡이었을 것이다. 그래도 밀로 만든 호떡과 쌀로 만든 호떡, 설탕을 넣은 호떡과 벌꿀을 넣은 호떡은 엄연히 다르다고? 천만의 말씀 만만의 호떡이다.

직지直指는 선사들의 일관된 교육법이다. 문자와 관념을 거치지 않은, 본

성으로의 투관透關. 유려한 장광설 대신 고함을 지르고(임제할), 번듯한 프레젠
테이션 대신 몽둥이를 날리며(덕산방) '제정신'을 촉구했다. 이런저런 교육을 통
해 이것저것을 배운다지만, 정작 우리가 아는 것은 사물의 본질이 아니라 어
휘와 개념일 뿐이다. 대충대충 알면서 다 아는 척 너스레를 떤다. 하긴 남들
앞에서 체면을 세우고 세상을 입맛대로 이용하기엔 그 정도 지식만으로도 충
분하다.

　하지만 언어는 말이 되는 것에만 간섭할 수 있을 따름이다. 나는 어디서
왔고 어디로 가는지, 왜 나는 나여야 하는지…. 말이 되지 않거나 말로 풀 수
없는 문제에 대해서는 말문을 닫는다. 조사선祖師禪이란 수중에 쥔 '쩐'과 '쪽'
의 수량과 재질로 인간의 됨됨이를 평가하는 '매트릭스' 밖으로의 탈주다.
'깨달음'이란 글자에 깨달음은 없다. '틀림'에 현혹되지 말고 그저 '다름'을 보
라는 당부다. 승패勝敗가, 진위眞僞는 아니다.

영웅호걸이 무위진인은 아니다

자신이 갖고 있지 않은 것에 초점을 맞추어 언제나 배고픈 아귀가 되지 말고,
자신이 갖고 있는 것에 초점을 맞추어 만족하고 넉넉하게 부자로 살아라.
여천무비如天無比, 《임제록 강설》

'수처작주 입처개진隨處作主 立處皆眞'에 대한 '창조적' 해석의 결말이다. 임제
의현 선사의 유명한 법어는 으레 '어떠한 상황에서도 중심을 잃지 말고 주체
적이고 능동적으로 살라'는 권고로 풀이된다. 어떤 자리에서 어떤 일을 하건,
스스로를 신뢰하며 당당하게 나아간다면 '거기'와 '그것'이 비할 바 없는 참
됨이란 격려다. 동시에 말은 좋다만 그게 과연 가능할까, 오래도록 불편했
던 화두다. 보람과 영광의 순간보다는 나를 믿지 못해 주눅이 드는 상황이
훨씬 잦고 긴 탓이다.

더욱이 자존自尊은 권력이다. 누구나 삶의 주인이고 싶으니까, 이기고 싶
고 누리고 싶으니까, 그 자신에게도 그의 이웃에게도 안팎으로 바람 잘 날이
없는 것이다. 삶의 목적과 순위에 대한 관심과 갈애는 얼마나 나를 지치게

하고 못 쓰게 하는가. 대자적對自的 존재에 대한 치유로서의 즉자卽自를 늘 염두에 둔다. 자격지심은 버리겠다는 것이다. 작주作主가 그대로 개진皆眞이다. 지금 내가 있다는 것은 그 무엇도 대신할 수 없는, 절대적이고 우주적인 사건이다. 구태여 사람답지 않거나 행복하지 않아도.

물론 그저 '살아 있음을 살아 있는' 무위진인無位眞人이 되라고 가르치는 학교는 없다. 교육의 과잉은 겉으로 드러나는 삶에 대한 애착 때문이다. 남들에게 뒤질까 어학연수를 보내는 부모 밑에, 남들 보라고 명품을 지르는 자녀가 있다. 학부모들은 입시정보와 함께 불안감과 열등감도 교환한다. 진학전문가들은 학생의 인성마저도 비싸게 팔릴 수 있는 인성으로 짜맞춰준다. 내가 그랬으니 혹은 내가 그러지 못했으니 자식이라도 합법적으로 약탈하고 군림해주길 바라는 심리는, 탐욕 이전에 현실이다.

부모를 잘 만나는 것도 하나의 '능력'으로 간주되는 시대라면, 교육의 형태는 결국 물량공세이거나 치킨게임이 될 수밖에 없다. 갈수록 순수하고 정직한 공부를 찾아보기 어렵다. 이윤 창출을 위한 비용이 들고, 차별화를 위한 기술이 낀다. 어느 현자賢者가 대통령이 되더라도, 설령 무상교육이 실현되더라도 사교육의 질주는 멈추지 않을 것이다. 현대 한국의 교육은 이념이나 윤리 이전에, 시장市場이고 전쟁이다.

선사들은 능청의 달인이요 딴말의 지존이지만, 상당법문上堂法門을 할 때만큼은 곧잘 말 같은 말을 했다. 상당법문이란 대중 앞에서의 교시를 일컫는다. 불법의 요지에 관한 공식적인 발언이므로, 그들의 어록 첫머리는 무엇이나 '상당上堂'이 차지한다. 일정한 논리와 화술을 갖춘 연설이지만, 비법이나 도술을 일러주는 내용은 아니다. '지금 내 말을 듣고 있는 너희들 각자가 부처이니 굳이 뭘 배우려 하지 말라'는 게 천편일률적인 주제다. 때 되면 배고프고 졸린 것 이상의 신비란 이 세상에 없다며, 눈으로 보고 귀로 듣는 것 이상의 기적을 탐하지 말라고 당부했다.

자신의 바깥에서 구하는 것은 그게 학문이나 선행이더라도 죄다 도둑질이니, 그저 주어진 삶에 성실히 몰입하라는 게 교육의 전부다. 무엇이 되겠다 또는 어떻게 살겠다는 욕망을 빨아먹고, 부풀려서 또 빨아먹는 세간의 사교육이 들었다면 매우 언짢았을 소리다. 개인적으로 일상이 공부이고 덜어내는 게 수행이다. 1등을 향한 집착은 취향의 문제이지, 인간으로서의 당연한 의무는 아니다. 풍족하지 않아도, 인격적으로 성숙하지 않아도, '하나님'을 믿지 않아도, 삶은 알아서 굴러간다. 우연으로 태어난 삶은 결코 내 것이 되지 못하니까. 살아간다는 건 궁극적으로 '살아지는' 것이다. 무엇보다 삶의 가치에 관한 강박관념에 짓눌린 자들에게, 알고 보니 삶이란 게 별것 아니더란 고백보다 더 큰 위안은 없다는 주의主義다.

자족. 내성耐性을 넘어 본성本性이 되길.

인간

사
람
과

사
람

사
이
의

공
空

이성異性에 대한 관심도 이성理性

사람들 사이에 섬이 있다.
그 섬에 가고 싶다.
정현종 시詩 '섬'

연애는 근대近代의 발명품이다. 앤서니 기든스Anthony Giddens를 따르는 사회학도들의 주장이다. 중세만 해도 대다수의 결혼은 축복 이전에 의무였고, 경제적 거래였다. 종족 번식이라는 지상과제의 이행을 목적으로, 여자라는 출산기계를 구입하는 일이었다. 이후 산업혁명의 혜택을 누리면서 유럽인들은 개명했다. 국태민안國泰民安과 가화만사성家和萬事成에 앞서 나만의 행복을 꿈꾸기 시작한 것이다. 특히 임신을 과학적으로 조절할 수 있게 되면서, 출산이 아닌 쾌락으로서의 성교가 보편화됐다.

혼인 역시 노동력의 교환을 넘어 인격의 결합으로 거듭났다. 아울러 낭만적 사랑의 완성을 위한 지극히 사사롭고 내밀한 교류인 연애가, 역사의 전면으로 등장했다. 물론 인간은 자웅동체가 아니므로 연애야 인류사와 함께 출발했을 것이다. 단, 연애소설이나 로맨스영화와 같이 완연한 문화로 정착한 것은 이때부터란다. 여하튼 이성異性 혹은 '이성적 동성同性'의 환심을 사고 육체를 허락받을 요량에, 시인이 되거나 가산을 탕진하는 동물이 인간이다.

이성理性은 논리적이고 개념적으로 사유할 수 있는 능력을 뜻한다. 인간은 이상형을 만났다고 해서 무작정 달려들지 않는다. 체면의 무거움과 형법의 무서움에 연연하기 때문이다. 관습과 제도가 용인하고, 무엇보다 상대방의 '이성'이 납득할 수 있는 덕담을 속삭이며 점잖게 접근한다. 앞에 있는 사람이 아무렇게나 대해도 되는 '똥'이 아니라, 오래 두고 먹을 만한 '된장'이라고 판단한 결과다.

오직 인간만이 진위眞僞와 선악善惡, 미추美醜와 귀천貴賤을 가리고 잰다. 덕분에 다른 동식물 전체가 평생 노숙자 신세를 벗어나지 못할 때, 전셋집이라도 구해 보일러나 에어컨을 틀고 지낸다. 대신 '가난'과 '불행'에 민감하다. '우리 이성적으로 생각해보자'고 할 때의 이성은 도처에 널려 있다. 과장은 부장이 되기 위해 사장에게 줄을 대고, 이등병은 이등병답게 처신하면서 정의사회 구현과 복지대국 건설에 이바지한다. 교도소가 원활하게 운영되고, 요절한 화가의 유가족들은 떼돈을 번다. 욕망의 차별화와 눈치의 전문화라는, 이성의 진화가 이끄는 문명의 과잉.

'인간은 사회적 동물'이란 아리스토텔레스의 명제는 '술이 웬수'라는 잠배들의 넋두리만큼이나 파급력이 크다. 누구나 그럴 법하게 여긴다는 것이다. 어쩌면 인간人間이란 단어 안에 이미 사회가 내장되어 있다. 사람은 사람들 속에서 적응하고 소통하면서 사람으로 성장하고 사람으로 대접받는다. 남들이 끊임없이 자신을 호명하고 주시하고 평가해줘야만 존재감을 느끼는 인지적 관행의 훈습薰習.

일각의 자유주의자들은 인간은 사회적 동물이어야 한다는, 개인의 희열보다 전체의 평안을 위해 살아야 한다는 암묵적 강요에 반발한다. 누군가는 '내가 나를 위해 태어난 건 아니지만, 국가와 회사를 위해 태어난 것도 아니다'란 확신 아래 사표를 던지거나 귀농에 나선다. 하긴 그래 봐야 사회의 손바닥인 경우가 대부분이다. 이직과 낙향의 극점에도 또 다른 사람들이 모여 살게 마련이다. 말해야 하고 속여야 한다. 사람과 사람 사이의 섬, 그 모든 '꼴같잖음'과 '어처구니없음'이 미치지 않는 공간은 좀처럼 허락되지 않는다.

어떤 생각을 갖든 끝내는 부처의 마음

중생의 마음을 버릴 것 없이
다만 자신의 본성만 더럽히지 마라.
바른 법을 구하겠다는 건 잘못된 생각이다.

청허휴정淸虛休靜, 《선가귀감禪家龜鑑》

고등학교 다닐 때 당시 교련을 가르치던 아무개는 특전사 출신이었다. 번개처럼 올려붙이는 '쌍雙따귀'가 일품이었던 인물이다. 그래도 그 나름 완력을 자제하던 성격이었던 걸로 기억한다. 본격적인 군사훈련을 앞두고 그는 부드러운 인성교육으로 첫 수업을 열었다. 딴에는 최대한 자상한 어투로 제자들과 면을 텄다. 어색한 친목이 이어지던 가운데, 칠판에 'ㅅㅅㅅㅅㅅ'이라고 쓰더니 학생들에게 의미를 물었다. 긴장을 늦추지 못하던 학생들이 모르겠다는 표정을 애써 '연출'하자, 그는 의기양양하게 뜻을 풀었다. '사람이면 다 사람이냐, 사람이 사람다워야 사람이지.'

그 다음 이야기는 다들 예상하는 바다. 육군 중령에서 예편했으며 부업으로 전도사를 하고 있는 이력이 늘큰하게 묻어나는 훈시가 이어졌다. 매우 '교련'스러웠던 가르침은 유익했지만 지루했다. 그는 말하고 나는 들어야 하는 사람다움은, 철벽이나 무채색과 근친近親이었다. 그의 사람다움은 교사다움이었고, 나의 사람다움은 학생다움이었다. 그는 그의 사람다움으로 봉급을 받았고, 나는 나의 사람다움으로 체벌을 면했다. 거기선 완벽한 통제와 순응이 만들어내는 질서가 곧 아름다움이었다. 유일한 아쉬움은 모두가 사람다웠지만 아무도 인간적이지 않았다는 것이다.

아무개가 믿던 사람다움이란 투철한 계급의식이다. 하기야 자신의 사회적 위계에 대한 충실 혹은 집착은 세인들의 공통된 심보다. 사람다워야만 사람답게 인정받을 수 있다. 사람다워야만 윗사람에게 잘 보이기 쉽고 아랫사람을 다루기 쉽다. 사람다워야만 사람답지 못하다고 지목된 것들을 합법적으로 괴롭힐 수 있다. 결국 사람다움이란 이데올로기는 근저에 세속성과 폭력성을 내포하고 있는 법이다. 바르게 살라는 사람일수록 권위적이고, 착하게 살라는 사람일수록 뒤에 구린 게 많다. 근본적으로 꼴같잖고 어처구니없는 게 사람의 본성인데, 그걸 부정하려니 볼썽사나워질밖에.

중생은 중생심으로 산다. 그래서 피곤하다. 눈에 보이는 것에 혈안이 되고, 손에 잡히는 것의 수하가 되기 십상이다. 죽음이 두렵고 실패가 무섭다. 초라해지고 비열해지기 일쑤다. 내가 힘겹고 세상이 시끄럽다. 그럼에도 중생심에 대해 호의적인 이유는 그토록 못나고 뿔난 마음이 끝내는 부처의 마음이기 때문이다. 마음이 약해지거나 더러워지는 까닭은 대부분 스스로를 신뢰하지 못하는 데서 비롯된다. 본성은 곧 불성佛性이고, 지금의 현실에 대한 긍정의 힘이다. 나는 누가 뭐래도 나이며, 아무리 욕된 삶도 욕된 만큼 참되다.

세계는 마음의 반영이고 마음의 총체가 세계다. 죽음을 두려워하고 삶을 좇는 것들이라면 너나없이 마음의 길을 따른다. 빌어먹는 사람에게도 부려먹는 사람에게도 마음은 있다. 마음에 따라 움직인다는 점에서 중생과 부처는 털끝만 한 차이도 없다. 그리고 마음은 끊임없이 흐른다. 순간 막히거나 마르기도 하지만 결국은 흐른다. 마음이 일정한 방향으로 지나가도록 둑을 쌓는 일이 정의이고 곧 조작이다. 그러나 얼마 안 가서 둑이 무너지거나 마음이 샛길을 찾아 또 다른 행보를 이어갈 것이다. 마음의 길을 따르는 한 행복하면서 불행하고, 행복하지만 불행하고, 불행한데도 행복하기는 누구에게나 마찬가지다.

선善이 오늘이라면, 악惡은 내일이다. '완전하다'는 말은 필연적으로 '불완전하다'의 오자誤字다. 이것과 저것은 본질적으로 한통속이다. 그래서 옛 성현들이 '잘나갈 때 조심하라'고 가르친 것이며, 반면 햇볕이 쥐구멍도 일일이 비춰주는 이유다. 도통 내 마음 같지 않은 게 마음이고, 최후까지 승패를 알 수 없는 게 또한 삶이다. 다만 마음이 벼랑으로 떨어질 때 가끔 범죄가 발생하고, 마음이 여울에 잠길 때 정신병을 앓기 쉽다. 민폐를 끼치지도 혹은 재수 없게 당하지도 말고 마음을 잘 간수하라는 것. 조사선에 대한 실용적 해석쯤 되겠다.

인간이길 포기해도 인간

"어떤 것이 부처입니까?"
"바로 그대다."
"어떻게 깨닫습니까?"
"아직도 발우에 손잡이가 없는 것을 귀찮아하는가."
대룡지홍大龍智洪, 《경덕전등록》

이렇게 쓴 적이 있다. 천변만화하는 인심人心에 관한 단상이다. "아무리 끔찍한 천재지변이라도 사람을 고의로 해치는 법은 없다. 사람은 작심하고 칼을 쥔다. 열 길 물속에 빠져 죽는 일보다 한 길 사람 속에서 빠져 죽는 일이 더 잦다. 사람은 대개 사람에 의해 횡사한다. 반면 사람을 죽이는 것도 사람이지만 살리는 것도 사람이다. 생판 모르는 남의 목숨을 구하고 대신 죽을 수 있는 짐승이다. 나무들이 고작 발바닥 밑의 양분이나 빨아먹을 때 인간은 우주와 교신한다."

인간은 만 갈래 이상으로 갈라질 수 있는 마음을 지녔기에 비할 바 없이 위험하다. 그러나 위험의 빈도와 부피만큼 강력한 희망을 기대할 수 있는 게 또 인간이다. 그러므로 '인간이란 무엇인가'란 질문만큼 부질없는 궁금증도 없다. 인두겁을 쓰고 벌이는 모든 말과 일과 생각이 지금 그대로 인간임을 증명하고 있기 때문이다. 비슷한 맥락에서 '사람이 어떻게 그런 짓을 할 수 있느냐'는 분노에 대해서도, 간단하고 확실한 대답을 갖고 있다. 사람이니까 그러는 것이다.

불타 없어진 숭례문과 똑같은 건물을 다시 짓고, 천연덕스럽게 숭례문이라 부르면서 참담했던 과거를 지우는 게 사람이다. 눈이 내리면 개는 마당을 뛰어다니고 사람은 시를 쓴다. 마음에 내리는 비엔 물이 없는데, 생각은 젖어서 썩는다. 인간은 고통을 문자화하고 갈등을 구조화하는 동물이다. 고통에 이름을 부여하면서 더 아파하고, 갈등에 명분을 덧붙이면서 더 다툰다. 한편으론 이를 치유할 또 다른 문자와 구조를 개발해내려 부심한다. 이러한 전전긍긍의 총체가 고금의 사상사다.

가장 끔찍한 공포는 뭐라 설명할 수 없는 공포이고, 가장 슬픈 죽음은 아무도 기억해주지 않는 죽음이라고 믿는다. 그래서 '의미'를 입히고 '필연'을 덧대며 망가진 삶을 수리하고 복원한다. 그러니까 인간의 마음속에 신神이 영생하며, 지옥이란 관념의 흥행도 멈추질 않는 것이다. 이와 반대로 조사선은 번뇌의 확대재생산에 대한 원천적인 해법이란 점에서 인문의 극치다. 모든 실체는 허상이며 마음의 장난일 뿐이다. 더 나아가 아무것도 없다는 생각도 결국은 '있음'이다. 집착하지 말라는 것도 하나의 의미란 이야기다. '집착執着하지 않음에 대해서도 집착하지 않는 게 진정한 무착無着'이란 궁극의 처세론.

굳이 없애려 하지 마라, 알아서 지나간다.

역사적인 양보와 역사적인 행패의 집대성이 곧 역사다. 인간에겐 인간답고 싶은 마음과 인간이길 거부하고 싶은 마음이 혼재한다. 남을 죽이고 싶다는 생각과 남을 위해 죽고 싶다는 생각은 동향同鄕이다. 어떤 시절인연을 만나느냐에 따라 거룩한 자비와 참혹한 광기가 번갈아 나타난다. 거기엔 순서도 없고 확률도 무의미하다. 역설적으로 인간이 저지른 최악의 상황은 최선의 상황도 꽃피울 수 있다는 증거가 된다.

사회는 세 사람만 있어도 구성된다. 다수결이라는 정치와 고스톱이라는 경제, 집단따돌림이라는 문화가 발생한다. 그들과 부대끼며 만들어가는 작은 역사는 가까이에서 자주 벌어진다. 사람이 없으면 외롭다지만 사람이 많으면 위태로워진다. 타인에게 기대지 않고 스스로 충만해질 수 있다는 게 고독의 가장 큰 효험이다. 그러니 아무래도 많은 것보다는 없는 게 낫다는 지론이다. 그러나 '사람'과 '사람들'과 '사람다움'은 거부할 수 없는 삶의 조건이다. 다만 조금만 손가락질하고 조금만 투정하며 최소한의 연줄로 목숨을 버틴다. 다행히 지금의 마음살림으로도 거의 언제나 자유롭다. 무엇보다 사람과 사람 사이의 섬에 가겠다고, 바닷물을 퍼마실 순 없는 노릇이니까.

군대 시절 나를 무척이나 마뜩찮게 여기던 선임하사여,
나는 더 이상 '손잡이'를 바라지 않는다.

자 연

그래도、입에 밥이 들어간다

'웰빙'은 자연이 아니다

나는 한동안 무책임한 자연의 비유를 경계하느라 거리에서 시를 만들었다.
거리의 상상력은 고통이었고 나는 그 고통을 사랑하였다.
그러나 가장 위대한 잠언이 자연 속에 있음을 지금도 나는 믿는다.
그러한 믿음이 언젠가 나를 부를 것이다.
나는 따라갈 준비가 되어 있다.

기형도(1960~1989)의 시작詩作 메모

고대인들은 자연이 무서워 신神을 발명했다. 과학기술로 무장한 근대인들은 한결 만만해진 자연을 마음껏 개발하고 수탈했다. 조상들 탓에 만신창이가 된 자연을 가엾게 여기며 현대인들은 '친환경'을 외친다. 공포와 천시 그리고 연민. 자연에 대한 인간의 감정은 이렇게 세 가지로 간추릴 수 있다. 물론 세 갈래의 시선들은 어느 한 시대에 국한되지 않는다. 통시적이고 일상적이다. 야외에서 오리백숙을 맛있게 뜯어먹다가, 때 아닌 천둥번개에 질겁하고, 문득 뱃속의 짐승을 위해 묵념을 할 수도 있는 게 인생이다.

대지진이 휩쓸고 간 경제대국은, 경제대국이어도 비참하다. 어제까지만 해도 순순히 밟혀주고 먹여주던 땅이었다. 자연의 거대한 자유로움 앞에서 인간은 잊고 있던 경외감을 피눈물로 곱씹는다. 누군가는 재앙을 일종의 경고로 읽고 문명에 대한 반성이나 '회개'를 이야기한다. 그러나 봄은 저절로 온다. 특별한 지시나 요청 없이도, 나무는 다시 울긋불긋한 거품을 물고, 냇물은 죽을힘을 다해 흘러간다. 자연재해 역시 그들의 복수가 아니라 그저 본능이란 생각. 남이 나를 두려워하건, 욕하고 깔보건, 아끼고 보듬건 간에, 입에 밥이 들어가는 것과 같이. 자연自然은 진짜 자연이다.

'자연스럽다'는 낱말은 '편안하다'만큼이나 '불편하다'란 형용사와도 어울린다. 이른바 불편한 진실. '스스로 그러하다'는 것은 이유와 목적이 없는 상태다. 그러므로 야생은 이기적이며 맹목적이다. 지금 살아 있으며 앞으로도 살아가리란 것 이외의 잡념을 키우지 않는다. 살생에 명분을 대지 않고 기생에 변명을 대지 않는다. 오직 몸뚱이의 특징과 한계를 이용하고 감수하며 각자 최선을 다하다가, 병들어 죽거나 먹혀 죽는다. 그들의 죽음을 모면하기 위한 죽임은 죄악이 아닌 순리이며, 죽임을 방어하지 못한 죽음도 열패가 아닌 숙명이다.

'자연주의'의 의미는 중의적이다. 문학에서의 자연주의는 19세기 프랑스에서 나타난 문예사조를 뜻한다. 인간고와 사회현상이 아무리 기가 막히고 극적이더라도, 최대한 중립에 서서 무덤덤하게 서술하는 기법을 일컫는다. 반면 교육과 예술 분야에서는 '천진난만'이나 '자유분방'과 같이, 자연의 밝은 면을 부각시켜 활용한다. 이른바 '웰빙well-being'이 유행을 타면서 자연주의의 뉘앙스는 더욱 청량하고 화사해졌으며, 이제는 대세로 굳어졌다. 상업광고 속의 자연은 '맑음'이거나 '푸름'뿐이다. '녹색성장'을 부르짖는 인사들도 조경造景을 원하지 맹수를 원하진 않는다.

자연의 내부에 도사린 비정과 위험을 봉인하면서, 이제 인간의 자연은 지배의 대상을 넘어 영생永生의 도구로 거듭난 듯하다. '몸에 좋은 것을 먹는 게 잘 사는 것' 이상의 담론을 말하지 않는 사회는, '몸에 좋은 것을 더 많이 누리는 것'이란 권력을 조장하고 추종한다. 하여 웰빙이란 자연으로의 복귀가 아닌 한층 심화된 인위다. 고급 세단을 몰고 다니며 채식뷔페에서 식사를 하고 아랫사람을 한껏 닦달한 뒤 값비싼 심리치료를 받는 일은, 숲을 남벌해 정원을 만드는 것과 같다. 외려 뙤약볕 아래서 등짐을 지고 위태롭게 계단을 오르는 공사장 인부가 더 자연주의적이다. 그가 지닌 더위와 피로는 가감되지 않으며 또한 정직하다.

참새는 참새이므로 부처다

"저 참새에게도 불성佛性이 있습니까?"
선사가 대답했다. "있다."
"불성이 있다면 어찌하여 부처님의 머리 위에 똥을 쌉니까?"
"녀석에게 불성이 없다면 새매의 머리에다 똥을 싸겠지."
동사여회東寺如會, 《조당집祖堂集》

산들늪은 경남 밀양 재약산 정상에 펼쳐진 국내 최대의 고산습지다. 높아
서 '산'이고 넓어서 '들'이며 질어서 '늪'이다. 밟아보면 잔뜩 물먹은 솜뭉치의
질감을 맛볼 수 있다. 7000만년 전 화산폭발 덕분에 생성된 것으로 추정된
다. 물들의 장구한 순환과 응축은 이곳을 열리면서도 닫힌 공간으로 만들었
다. 물길이 드넓고 깊숙이 흐르면서 전반적인 생태 질서를 구축한 동시에, 특
정한 권역에선 물길이 멈추면서 각종 돌연변이들이 양산됐다. 해외 다큐멘터
리에서나 접하는 파리지옥까지 서식한다. 화전민의 자녀가 다니던 고사리분
교가 1996년 폐교되면서 산들늪에서 인간은 멸종됐다.

흡사 숨 쉬는 생물도감이지만, 희귀종들을 직접 목격하긴 어렵다. 그들은

생존하고 있다는 사실을 외부에 발설하지 않았다. 인기척을 느끼자 냅다 도 망하는 고라니에게서, 경쟁과 적응은 여기서도 복잡하고 힘거움을 엿볼 수 있다. 못내 희한한 점은 이성理性을 깨칠 법도 할 만큼 나날이 걱정이고 사고 지만, 억겁의 세월을 지나면서도 그들은 비슷한 방법으로 위기를 모면하고 비슷한 방법으로 먹이를 잡아먹었다는 것이다. 그들의 문명은 보잘것없지 만, 그들의 스트레스 역시 진화하지 않는다.

경박하고 치졸하기 이를 데 없는 중생들이 뒤엉켜 사는 밀림은 그러나 아 름답고 조화롭다. 서로가 서로를 회피하거나 괴롭히는 게 얄궂게도 상생의 비결인 셈이다. 죽음과 죽임의 질서는 삶과 살림의 미덕을 도입하지 않고도 건강하다. 다만 멀리서 바라볼 때만 그렇게 보인다. 날것 그대로 비열하고 무자비한 자연으로부터 벗어나기 위해, 뼛골 빠지게 일하다 얻은 신체적 정 신적 곤욕의 총체가 인간의 역사다. 구경은 좋아도 체험은 싫은 약육강식. 혹한과 폭서를 맨몸으로 건디기에, 인간은 너무 오래 인간人間에 길들여졌다.

불성佛性은 생명 있는 것 모두가 가진 부처의 성품을 뜻한다. 인간만의 특 권도, 나만을 위한 희망도 아니다. 참새들의 사회에선 아무도 불상을 성물聖 物로 여기지 않는다. 차라리 포식자인 새매에게 삼배三拜를 올리는 게 신상에 이롭다. 그게 참새다운 삶이다. 참새의 삶은 참새만이 알고 참새만이 행할 수 있다. 참새가 참새로서 살며 부지런히 목숨을 부지하는 것, 그 이상의 덕 행이나 귀감을 바란다면 억지고 폭력이다. 형상이나 계급으로 규정할 수 없는 본성은, 비천하다고도 거룩하다고도 말할 수 없다.

　사자의 생존을 위한 사냥도, 자아의 불행을 돌아봐주지 않는 타자도, 어떻게든 살자고 모질게 저지르는 악덕도 결국은 불성의 작용이다. 부처님은 '세상에 부처님 아닌 것이 없다'고 말했다. 단지 '그것'이 '그것'이므로, 궁극적으로는 그저 살아 있으므로 부처님이다. '쿨cool함'의 극치를 보여주는, 대자유의 전제조건은 대자비임을 가르치는 법문이다. 아쉬운 점은 비록 절대긍정의 메시지를 꾸역꾸역 인정하더라도, 지긋지긋한 화두 하나는 좀처럼 소화가 되지 않는다는 것이다. 때론 졸렬하고 간사하며 가끔은 무지막지한 그들의 '불성'을, 과연 나는 끝까지 견딜 수 있을까.

그들의 '불성'을 견디기 위해

요즘 사람들은 이 한 송이의 꽃을 마치 꿈결인 양 바라보네.

남전보원南泉普願, 《벽암록碧巖錄》

육긍陸亘은 당나라 황제 헌종을 보필한 벼슬아치다. 지금의 감사원장쯤 되는 어사대부御史大夫를 지냈다. 남전 선사의 문하에서 오래 공부한 그는, 어느 날 승조僧肇 대사가 저술한 《조론肇論》을 연구하다가 퍼뜩 깨달은 바가 있었다. "'천지는 나와 한 뿌리이며 만물은 나와 한 몸(天地同根 萬物一體)'이라는 구절이 나오던데, 매우 훌륭한 말씀이군요." 평소 친분이 도타웠던 스승을 찾아가, 기어이 터득해낸 '한 소식'을 으스댔다. 남전은 별다른 대꾸 없이 마당에 핀 모란꽃 한 송이를 손가락으로 가리켰다. 그리고 위와 같이 한마디 일렀다. 한낱 개꿈에 너무 호들갑을 떤다는, 은근한 질책이다. 아울러 부처님이 설한 연기緣起는 지천에 널린 꽃처럼 생생한 현실이란 지적이다.

그러나 뿌리는 같을지언정 가지는 서로 전혀 다른 방향으로 뻗어나고, 한 몸일지언정 마음은 제각각 딴살림으로 멀어지는 것이 또한 현실이다. 흔히

연기는 아름다운 지식으로 통용된다. 이웃과의 화합과 빈자에 대한 자비를 추동하는 이론적 논거다. 그러나 갈등과 투쟁의 필연성을 가르치는 서글픈 진리이기도 하다. 내가 살아 있는 한 너도 살아 있고, 너를 줄여야 내가 늘어난다. 삶이 지속되는 한 죽음도 눈감지 않는다. 죽도록 죽고 싶지 않아서 온갖 번뇌와 망상으로 삶을 치장하는 게 사람의 다반사茶飯事다.

죽도록 아플 때 살아 있음을 최고조로 느낀다. 몸에 병균이 퍼지면 통증이 올라온다. 곧 고통은 내가 살아 있다는 가장 유력한 물증이자, 나만큼이나 남도 살고 싶어 한다는 신호다. 자살 또한 죽음으로의 회귀 이전에, 무엇보다 강렬한 방식으로 표현하는 삶에 대한 애착이다. 삶의 진실은 대다수 부정否定의 형식으로 드러나며 그러므로 진실하다. 삶은 본질적으로 더부살이이며, '내 것'이란 환상이거나 잠깐이다. 몸에 기대어 사는 것들의 처지가 다 거기서 거긴데, 굳이 그걸 체험하겠다고 강물에 발을 담그거나 비행기 표를 끊을 필요는 없다는 생각.

"휴간데 어디 안 가?" 꽤 곤혹스러운 질문이다. 어른이라면 가끔은 식구들과 함께 이런저런 경치를 구경해야 한다는 무언의 압력으로 들린다. 침묵으로 대응하면서도 속으로는 국가주의적이고 '4인 가족'에 근거한 통념이라고, 지청구를 씹는다. 자식을 두지 않기로 발원한 이유도 비슷한 맥락이다. 출장이든 여행이든 똑같이 발품으로 취급하는 편이다. 출장은 발품의 금전적 대가라도 돌아오지만, 여행에 쓰는 발품엔 보상이 없다. 더구나 출장의 형식을 빌린 유람도 제법 재미가 있다. 원래 기대 자체가 별로 없기 때문이다. 별나고 맛난 것들을 힘들여 찾아다니지 않아도, 마음은 충분히 번잡하고 산란하다.

'하늘 아래 새로운 것은 없다'는 무시와 체념으로 곰삭은 마음은 외경外境에 둔감하다. 신비롭다는 것은 경험해보지 않았다는 것에 불과하다고 믿는다. 사람의 탈을 쓰지 않았더라도 삶은 언제 어디서나 그리고 무엇에게나 무겁고 독하다. 내 삶과 비등한 무게와 독성에 공감하므로, 웬만하면 간섭하지 않고 '이격離隔'의 윤리를 준수한다. 내가 자연에서 느끼는 유일한 경이로움은 존재론적 단순성이다. 죽음을 기념하지 않는 삶, 삶을 동정하지 않는 죽음. 살아 있을 때는 살아 있음만을 살라는, 가장 위대한 잠언.

'세계일화世界一花.' 꽃 한 송이가 우주의 모든 이치를 품고 있다는 법문이다. 만상萬象의 법칙이라면 생각처럼 되지 않는 주식투자, 점심에 먹은 된장찌개의 영양성분비율, 정치인들이 선거에서 거짓말을 할 수밖에 없는 이유 등등의 곡절들도 포함되겠다. 말로 아무리 으르고 달랜다고 꽃이 진실을 토해낼 리 만무하다. 스스로 꽃이 되기 전엔 꽃을 알 수 없고, 알았다손 기만이다. 차라리 함께 벌판에 서서 눈보라를 맞는 게 낫다. 행여 꽃이 감동을 받는다면 '나는 건강을 위해 매일 아침 조깅을 해' 또는 '강남의 어느 정신과 의사가 용하다더라' 따위의 수준을 뛰어넘는 정보를 내놓을 것이다.

개에겐 불성이 없다? 없어도 된다.

몸

몸에 묶인 삶은 자꾸 남에게 손을 벌리게 한다

선심도 결국은 '밥심'의 일종

옷 걸치고 밥 먹는 것,
이것이 인륜人倫이요 물리物理다.
이지李贄, 《분서焚書》

양명학陽明學의 대가였던 이지李贄는 기행奇行과 파괴적인 언사로 세간의 인기를 얻었다. 자신의 저작에 대해 '태워 없애야 할 쓰레기 같은 책'이라며 제입으로 분서焚書라 불렀다. 애정결핍 캐릭터가 매력적이다. 중국 명대明代에 왕수인王守仁이 창시한 양명학은 주류 이데올로기였던 성리학에 맞선 존재론이다. 성즉리性卽理를 비판하며 심즉리心卽理를 주장했다. 특별히 기리고 본받아야 할 생각이 따로 있는 게 아니라, 드러난 생각 그대로가 소중한 진실이라는 뜻이다. 유학의 좌파들은 거창한 수신修身이 아닌 소박한 안신安身을 꿈꿨다.

생각의 귀천貴賤에 얽매이지 말고, 그냥 되는 대로 살며 일껏 즐기라는 격려다. 몸을 닦는답시고 스스로를 괴롭히거나, 남이 몸을 닦지 않는다고 닦

206

달하지 말라는 훈계다. 조사선의 허무주의적 변용은 이지의 화법에서 극에 달한다. 그는 "무릇 사사로움이 마음의 근원"이라고 대놓고 말했다. 사사로움이 없다면 사람이 아니라는 것이다. 자의적 해석을 덧붙이자면 이렇다 : 모든 생명은 이기적이므로 생명이다. 사사로움이란 개체의 보존을 위한 화력이자 실탄이다. 배설을 억지로 참으면 몸이 상한다. 몸을 부정한다는 것은 곧 삶을 부정하는 것과 같다.

몸을 다스리는 것은 마음이지만, 마음을 지탱하는 것은 몸이다. 결국 몸이 먼저다. 마음으로 본다지만 눈을 무시한 착각이다. 생각이란, 내용의 경중輕重을 떠나, 신체에서 부단히 지속되는 물질대사의 결과다. 밥을 먹으면 기력이 생기고, 기력은 몸만이 아니라 마음도 움직인다. 마음이 아파도 몸은 성할 수 있지만, 몸이 아프면 마음도 아프다. 자아실현이든 자아반성이든 숨이 붙어 있고 몸이 멀쩡할 때나 가능한 일이다. 정신의 간섭을 받지 않는 육체는 무식한 반면, 육체를 소유하지 못한 정신은 무능한 법이다. 마음이 굳이 '선심善心'을 쓰지 않아도 피는 돌고 비듬은 꽃핀다.

선심도 결국은 '밥심'의 일종이다. 목숨과 신체를 근간으로 한 마음은 생명활동의 연장이다. 마음에서 울리는 소리는 몸이 사주한 경우가 대부분이다. 탐욕이든 분노든 미망이든 볼썽사나운 감정들은 하늘에서 떨어진 악마가 아니다. 자연스러운 생리현상이자 본능의 열매다. 밥의 종류가 다양하듯 생각의 유형도 여러 가지다. 마음은 논리적으로 온전하면서 사회적으로 순

치된 방향으로만 흐르지 않는다. 한편으론 말초적인 재미를 지향하거나 불가피하게 민폐를 끼치기도 하는 게 인생이다. 다만 몸이 삶을 그르치지 않도록 잘 다독이면서 조심조심 살아가는 것, 그게 최선의 연명延命이다.

동서를 막론하고 봉건적인 인습은 몸을 가볍거나 더러운 것으로 치부했다. 몸에 대한 새로운 인식은 이런저런 세태의 변화를 불러왔다. 욕망의 긍정, 육체미를 향한 동경, 건강에 대한 집요한 관심, 연예인 누드의 양성화 등등. 착한 마음을 얻기 위한 수양은, 착한 몸매를 얻기 위한 단련으로 변모하는 중이다. 동시에 정신을 갖추지 못한 육체에 대한 왈가왈부는 엷어진 대신, 육체답지 못한 육체에 대한 손가락질이 득세하고 있다. 세상이 한결 솔직해진 건 사실이지만, 소탈해진 것 같진 않다. '몸짱'이나 '몸꽝'이나, 몸에 묶인 삶은 자꾸 남에게 손을 벌리게 한다.

존재한다는 것은
노출됐다는 것이다

서울에 올라온 동산양개洞山良价 선사가 경조흥평京兆興平 선사를 찾아 배례하자,
흥평 선사가 말했다.
"늙고 썩은 몸에 절하지 말라."
"저는 늙거나 썩지 않은 것에다 절을 하였습니다."
"늙고 썩지 않은 자는 절을 받지 않는다."
"그렇지만 그것은 어디에도 머물지 않습니다."
《조동록祖洞錄》

마음이 인간이라면, 몸은 그 불안한 영혼을 군말 없이 지켜주는 집이다.
물론 '의식주'란 집세는 받는다. 나이를 먹을수록 '살기' 위해서가 아니라 '먹
고살기' 위해 옷을 입는다는 생각. 복식服飾은 사회적 신분을 반영한다. 세일
즈맨이 넥타이를 매는 이유는 목을 보호하기 위해서가 아니다. 갑은 아무렇
게나 입어도 되지만, 을은 아무렇게나 입을 수 없다. 멀끔하고 단정하게 차
려입은 만큼 부드럽고 공손하게 대접받아야 한다는 방어심리가, 명품의 호
황을 부채질한다.

밖에서 사 먹는 밥은 단순한 식사가 아니라 인사人事가 되는 경우가 많다. 밥을 먹는다는 사실보다 누구와 무엇을 어디서 먹느냐를 고민하는 자를 볼 때마다, 그의 양육비 지출과 주식투자 현황이 궁금해진다. 각종 외식산업의 등급은 손님의 허영심을 얼마나 화끈하게 충족시켜주느냐에 따라 판가름 난다. 누군가 '나 이런 사람이야'를 외치는 순간, 내일 죽어도 될 소가 오늘 도살된다.

집은 몸의 확장이다. 집을 먹여 살리는 일은 곧 나를 먹여 살리는 일이고, 집을 크게 키우는 일은 나의 존재감과 영향력을 배불리는 일이다. 집으로부터 거부당하지 않으려 노동을 제 몸처럼 아끼고, 남편은 아내의 눈치를 살핀다. 사람을 살리자는 집이 외려 사람을 죽일 수도 있다. 누추하고 열악한 몸을 감출 요량에 아예 집을 짊어지는 위험을 감수하기도 한다. 달팽이는 멀리 있지 않다. 은행에서 쉽게 목격할 수 있다.

벗은 몸은 창피하지만 못난 몸은 치욕스럽다. 인간은 신체적 몸을 넘어 사회적 몸에 얽매인다. 누구나 볼 수 있는 몸은 나를 위한 몸이면서 남을 위한 몸이다. 내가 살자고 먹이고 입히고 재우는 몸이지만, 몸에 대한 배려의 과실은 남들이 맛보기 십상이다. 존재한다는 것은 노출됐다는 것이며, 노출됐다는 것은 억압당한다는 것이다. 모든 자유엔 돈이 필요하고, 모든 행복은 조건부인 유한자有限者의 신세가 되는 것이다. 부모미생전父母未生前 본래진면목本來眞面目. '부모에게 태어나기 전, 나의 참모습'이란 유명한 화두도 몸이라는 질곡에 대한 저항의식의 반영이다.

　타인의 시선으로부터 해방되려면 끝내는 타인의 시선에 자신을 예속시켜야 한다는 역설. 규율이 바라는 옷을 입고 관행의 말을 지껄여야, 감시를 완화하고 처벌을 면할 수 있다. 순화되고 납득될 만한 신체만을 내보여야, 생계가 꾸려지고 일상이 무탈하다. 몸의 관리와 전시에 둔해, 내 몸은 덜 먹을 욕慾을 더 먹는 편이다. 그래도 웬만하면 입을 다물고 눈을 깐다. 보이는 것이 전부가 아니듯, 내게 엉겨 붙은 몸이 나는 아니니까.

　인격이란 몸에 새겨진 무형의 문신이다. 세상의 길고 지독한 주시와 지적, 분별과 차별의 응축이자 숙업이다. 나의 몸은 누군가의 희망이고 물주이며 노리개이자 소일거리다. 나 역시 타인의 몸을 비슷한 방식으로 다룬다. 기대하면서 구걸하고 조롱하다가 외면한다. '나다움'과 '남부끄러움' 사이의 비좁은 골목으로 몸을 욱여넣다 보면, 가끔 어떤 깨달음이 몸으로 드나들 때가 있다. 있는 그대로의 모습으로 있을 수 없다는 것이, 있는 그대로의 모습이다….

깨달음은 몸이 없다

부처님이 대중과 더불어 길을 가다가 손가락으로 땅을 가리켰다.
"여기에 절을 지으라."
제석帝釋이 한 포기 풀을 땅에 꽂으면서 아뢰었다.
"절을 다 지었습니다."
부처님이 빙그레 웃었다.
《종용록從容錄》

'한 포기의 풀이 절'이라는, 인위人爲의 최소화가 이끌어낸 소통이다. 상식과 통념을 따지지 않는 사제지간은 낯설면서도 살갑다. 한편으론 아주 보잘것없는 몸이더라도 이름이 거창하면 신세가 트인다는 방증이기도 하다. 거꾸로 말하면 아무리 이름이 거창해도 그래봐야 보잘것없는 몸이라는 결론도 가능하다. 눈에 보이는 것들은 어떤 식으로든 '말해지는' 법이다. 몸이 있는 한 죽어야 하듯, 몸이 있는 한 시달려야 한다. 일체一切 이전에 일체一體는 개고皆苦다.

세월이 흐르면 늙다가 썩고, 무더지다 무너지는 게 몸의 숙명이다. 인류는 육체성을 극복하기 위해 맨발에 신발을 신고, 마차를 타고 다니다가 자동차를 발명했다. 그러나 몸은 언제나 아프거나 아플 수 있다. 다칠 수 있고 망칠 수 있다. 몸은 자유를 억누르는 감옥이지만, 단단하지도 못한 감옥이다. 감옥은 부서지기 쉽지만, 그렇다고 감옥의 붕괴가 해방으로 이어지진 않는다. 질병과 불구를 행복이라고 말할 순 없는 노릇이다.

차라리 몸의 '죽음'은 마음의 죽음도 부른다. 몸의 '아픔'과 '뒤짐'에 대한 걱정이 자연스레 해소되는 일이니 고맙고 다행이다. 그러나 내가 죽고 싶대도 몸이 바라지 않는다면 별 도리가 없다. 이번 생의 몸과 과감히 절연하더라도 수일 안에 몸은 다시 득달같이 달라붙을 것이다. 내가 살기 전에 몸이 산다. 근본적으로 보는 것이 아니라 보이는 것이며, 듣는 것이 아니라 들리는 것이다.

터미널 기사식당에서 소주를 시켜놓고 혼자 점심을 먹는 중년 남자의 몸. 어느 스님이 법문을 하면서 꺼내든 '민생파탄'의 극명한 사례다. 청중은 나랏일을 하는 사람들이었고, 연방 고개를 주억거렸다. 상식과 윤리의 지평에선 적확한 비유이자 공감이다. 그의 행색은 눈물이 날 만큼 후줄근했을 것이며, 그의 표정은 충분히 빈궁했을 것이다. 단, '낮술'과 '고립'이 죄악이자 질환이라는 전제하에서다. 슬퍼 보이는 것이 과연 슬픔인가.

부처님은 《금강경》에서 "나의 몸에서 나를 찾지 말라"고 충고했다. 절은 단지 이름이 절이어서 절이다. '그럴듯한 것'은 '그런 것'이 아니다. 불성佛性은 늙거나 썩지 않는다. 몸을 갖고 있지 않기 때문이다. 나지 않았으니 죽지도 않는다. 추켜세울 수도, 깔아뭉갤 수도 없다. 그러므로 불성은 성취하는 것이 아니라 인식하는 것이다. 어떤 이름과 형태로 살건 삶은 그저, 분명히, 한 치의 오차도 없이, 삶이다.

4월 말부터 선풍기를 튼다. 몸에 열이 많아서고, 바람이 좋아서다. 바람은 몸이 없다. 몸이 없으니 마음도 없다. 그런데도 살아 있다. 바람은 온몸으로 울고 온몸으로 웃는다. 울어도 슬픈 게 아니요 웃어도 기쁜 게 아니다. 바람이 몸에 부딪히면 소리가 난다. 입이 없는 것의 속삭임은 무의미해서 편안하다. 반갑고 부럽다가… 돌연 안타깝고 짜증난다. 사람이 바람을 닮을 수 있는 일이라곤 고작 바람을 맞거나, 바람을 잡거나, 바람을 피우는 게 전부이니.

바람이 분다.

밥 먹으란다.

지금 이대로가 존재의 완성

깨달은 자들은 「뜰 앞의 잣나무」나 「똥 닦는 휴지」라는 대답으로,
그들의 「형이상학적」 욕구를 빼앗아 멀리 내던져버린다.
그저 있는 그대로다. 배후도, 구원도 없다니까!
다만 일껏 살아내다가 순순히 죽음을 맞이하는 것,
그리고 조만간 또 다른 삶을 받게 되면
그때 부여된 몸에 맞는 고민과 열정을 반복하는 것.
만약 소명召命이란 게 있다면, 그것뿐이다. 진중鎭重.

관계

모두를 사랑한다는 건, 한 사람도 사랑할 수 없다는 것이다

삶의 저울엔 영점이 없다

내게는 소중했던 잠 못 이루던 날들이,
너에겐 지금과 다르지 않았다.
사랑은 비극이어라.
그대는 내가 아니다. 추억은 다르게 적힌다.
이소라, '바람이 분다'

맞벌이부부가 외벌이부부보다 이혼율이 높다. '알파걸'과 '골든레이디'에게 가부장은 불한당이나 철부지에 불과하다. 경제적 독립을 이룬 개체들의 결합은 화려할 순 있어도 느슨한 법이다. 사람은 행복과 더불어 불행도 가져다주지만, 돈은 이익만을 선사한다. 배우자에게서 불이익을 반복적으로 당하면, 돈의 복덕에 새삼 추파를 던지는 게 인지상정이다. 그리고 돈과, 돈벌이로 얻은 자신감이 깔끔한 결별을 도와준다. 반면 혼자 버는 가정의 경우엔 결속이 단단한 편이다. 피부양자는 생존의 위협으로 다가오는 이별 앞에서 필사적으로 저항하게 마련이다. 부양자 입장에선 위자료와 양육비가 아깝고. 못내 결혼이라는 무덤 속에서, 서로의 얼굴에 주름살을 그어가며 함께 썩어간다.

　부모자식 간의 관계도 마찬가지다. 경제적 지배에서 파생된 인격적 지배는 양쪽 모두에게 당연시된다. 가끔 엄마 앞으로 "이제 됐어?"라는 내용의 유서를 남기고 투신자살한 여고생을 떠올리게 하는 사건이, 아주 가끔 벌어질 따름이다. 금권뿐만 아니라 성격적 편차도 권력의 주종主從을 가르는 주요한 지표가 된다. 다혈질에 다혈질이 맞붙으면 사단이 나기 십상이다. '아낌없이 주는 자'는 '가차 없이 빼앗을 수 있는 자'와 가약을 맺어야 자신의 사랑을 입증할 수 있다. 파렴치한 억압과 가엾은 굴복조차 지속적으로 이어진다면, 일종의 안정이다. '먹힘'만이 '먹음'과 상생할 수 있다. 삶의 저울엔 영점이 없다. 관계는 일방적인 지배와 의존의 형식을 띨수록 더욱 끈끈하다.

　조금씩은 일그러진 관계에서 싹트고 자라는 게 사랑이니, 어느 사랑이나 일정하게 비합리적이고 정신병적이다. 퍼주기가 아깝지 않고, 군중 앞에서 무릎을 꿇어도 창피하지 않다. 현실의 반대와 탄압은 사랑을 되레 폭발적으로 증강시킨다. 사랑의 최대 난적은 외려 친숙함이다. 사귐이 오래 되면, 특별히 돌봐주거나 추켜세우지 않아도 내 곁에 남아 있겠다 싶은 안도감이, 독버섯처럼 피어난다. 더욱이 부모와 벗들의 지지 그리고 충분한 돈과 시간같이, 연애의 배경이 순조로우면 얄궂게도 애정은 시든다. 연인을 봐도 더 이상 심장이 헐떡이지 않는 순간, 사랑은 외교가 된다. 관계의 균형을 따지고 이의를 제기한다. 새로운 관계 설정을 주장하다 여의치 않으면, 관계를 파기하고 또 다른 사랑을 찾는다.

곧 관계의 역학이 적나라하고 농밀하게 드러나는 인간의 행태 가운데 하나가 연애다. 미인이 추남과 사랑에 빠질 수도, 시아비가 며느리에게 이성의 감정을 느낄 수도 있다. 연애의 기원은 이렇듯 신비하고 불분명하다. 다만 연애의 목적은 시대와 상황이 다르더라도 어지간해선 비슷하고 분명해 보인다. '성적 쾌락을 제공하는 동시에 자신을 이해해주고 응원해주고 보호해줄 특정한 타자의 영입과 관리.' 이를테면 나이에 걸맞은 소꿉장난이자 진화된 '응석'이다. 서로가 서로에게서 더 많은 지분을 가져가려 하니, 갈등과 긴장이 끊이지 않는다. 비루한 연애가 정치판의 이전투구나 동네 폭력배들의 패싸움과 다른 점은, 음행淫行의 유무뿐이다. 요컨대 동등한 존재들끼리 할 수 있는 건 동업이나 계약이지, 사랑은 아니다.

누구나 가슴속에
원수 한두 명쯤은 키우며 산다

"무엇이 근심 없는 부처입니까?"
"나를 겁나게 근심하게 하는구나."

천태덕소天台德韶, 《오등회원五燈會元》

"나도 사람 때문에 힘들어 죽겠는데 나보고 어쩌라고?" 평소 알고 지내는 스님의 푸념이다. 도심포교당의 주지여서 많은 시간을 신행상담에 할애한다. 말이 신행상담이지, 신도들의 마구잡이 하소연을 들어주며 해법을 제시하는 일이다. 열에 여덟은 대인관계 스트레스에 대한 호소다. 남편 때문에 시어머니 때문에 자식 때문에, 아울러 마누라 때문에 직장상사 때문에 싸가지 없는 것들 때문에 도저히 못 살겠다는 내용이다. 그럴듯하게 적당히 얼러서 돌려보내지만, 뒷맛은 개운치 않다. 당신 역시 '어울리기'와 '묻어가기'에 젬병인 성격이어서, 괜한 가식을 부린 것 같아 씁쓸하다는 것이다. 남녀와 빈부, 승속과 고하를 막론하고 모두의 가슴에 충만한 '싸가지 없는 것들'.

223

누구나 가슴속에 원수 한두 명쯤은 키우며 산다. 목숨을 부지하려는 한 만나서 이용하고, 목숨이 붙어 있는 한 괜히 만나서 이용당하기도 하는 게 사람살이인데, 뾰족한 방도가 있을까 싶다. 빡빡해진 인사고과와 혹독한 구조조정, 휘황찬란한 상업광고와 시끌벅적한 SNS까지, 제도의 변화와 문명의 발달에 따라 현대인들이 체감하는 인간관계의 고통은 한결 극심해졌다. 끊임없이 남과 비교하고, 신명을 다해 남과 경쟁하고, 집요하게 남을 의식하고, 지독하게 남을 엿보며 자신을 고문하는 것이 이 시대의 준법이자 미덕이다. 사회주의를 대표하던 '소셜Social'이란 단어가 자본주의의 첨병이 되었으니, 참으로 상전벽해다. 덕분에 '사람이 곧 돈'이라는 음습한 상식을, 이제는 대놓고 말할 수 있게 됐다.

　돈이 있는 곳에 사람이 모이고, 사람이 모이면 싸움이 나는 게 당연지사다. 이해관계에 의한 결집 말고도 사람을 억지로 모아놓으면 조용할 날이 없긴 매한가지다. 닭장 안의 닭들이 결코 사이좋게 지내지 못하는 이유와 같다. 인생을 돌이켜보면 어떤 앙숙과 원한을 풀었다손 나중에 또 다른 앙숙이 나타나 그의 기능을 고스란히 대체했던 기억이 난다. 학교에서 그랬고 군대에서 그랬고 직장에서 그렇다. 그리고 그때마다, 그나마 도움이 됐던 건 친구나, '소원수리'나, 아부가 아닌 오기였다. 내가 나를 멸시하지 않을 때, 나는 나를 배반하지 않았다. 삶은 그때그때 내게 주어진 몫이었고, 그래서 그냥 살아냈다. 살아내다 보니 지금 여기고 역시 버겁다. 그러나 내겐 내가 있었고 앞으로도 내가 있을 것이다.

마음을 나누려면 이익부터 나누는 게 순서다. 그러나 그건 '일'로서만 하고 싶다. 성공의 관건은 순발력과 친화력이란 것도 체감했다. 체감했을 뿐 옹호하진 않는다. 만인과 나를 공유한다는 건 만인에 대한 실례이자 나에 대한 모욕이니까. 물론 사랑은 하고 싶다. 하지만 연애의 끝자락에서 '그대는 내가 아니다'란 철학적 직관을 곱씹을 때, 결혼 이전에 사랑부터 미친 짓임을 알게 된다. 단순히 애욕의 볼썽사나움과 덧없음에 관한 경고나 핀잔이 아니다. 지속가능한 사랑의 연료는 타협이 아닌 희생이란 경험의 고백이다. 사랑은, 어느 한쪽이 반쯤은 바보가 되길 자청해야, 지루한 세월과 변덕스러운 중생심의 틈에서 겨우나마 숨 쉴 수 있다. 화합이란 그 정도로 밟히고 무너져야만 가능하고 온당하다. 사랑은 '나는 너다'라는 선언이며, 변하는 너를 끝까지 따라잡으려는 노력이다.

사랑의 '부피'가 아닌
사랑의 '농도'를 위해

반드시 한 사람이 있는 걸 알아야 한다.
그는 남에게서 알 수 있는 것이 아니다.
가르침을 받지 않으며 계급階級에 떨어지지도 않는다.
만일 이 사람을 알게 된다면 평생 해온 공부를 마침내 끝마치리라.
부용도해芙蓉道楷, 《오등회원》

'동네 꼬마들이 모여 만들어낸 철없는 세계정복 계획을, 훗날 어른이 된 누군가가 현실에서 진짜로 실행에 옮긴다.' 우라사와 나오키의 만화《20세기 소년》의 모티브다. 자신의 과거와 정체를 철저히 숨긴 '세계대통령'은, 그를 신봉하는 사해대중으로부터 '친구'라고 불린다. '친구'의 친구가 되기 위한 덕목은 무조건적인 복종이었고, '친구'의 절교 선언은 곧 죽음이었다. 작품의 말미에 드러난 세계대통령의 실체는 어린 시절 또래에서 가장 존재감이 없던 아이로 밝혀졌다. 심지어 왕따를 당하지도 못했던. 지독한 외로움에서 승화된 천재적인 적개심은, 인간이 지닌 친구에 대한 환상과 집착을 이용해 인류를 파멸의 문턱까지 몰아세웠다. '내 편'에 기대고 '우리 편'에 연연하는

226

타력他力을 향한 갈구.

피아彼我에 대한 관심과 골몰 탓에 사랑에 속고 우정에 몸이 단다. 남의 마음을 얻기 위해 위정자들은 거짓말을 하고, 직장인들은 한통속에 머물기 위해 시시껄렁한 수다를 떨며 일상을 소비한다. 자신의 슬픔을 객관화해 주변의 위로를 구하고, 자신의 매력을 계량화해 더 비싼 값에 매매한다. '남을 내다보기 전에 나를 들여다봐야 한다'는 채근은 운신의 폭이 제한적이다. 물론속물도 귀한 인간이며 게다가 민주주의 사회이니, '따라쟁이'의 삶도 존중되어야 할 삶이다. 다만 노름판에 같이 끼지 않았다고 깔보고 흉보는 행태는언제 봐도 이물스럽다. 세상과 섣불리 화해하지 않을 때 고독해질 순 있겠지만, 최소한 위선을 덜 수는 있다. 홀로 버티는 삶은 무겁지만, 묵직하다.

반연攀緣이란 '마음이 대상에 의지해 어떤 작용을 일으킨다'는 뜻이다. 나는 남으로 인해 내가 된다. 시시각각 부딪쳐오는 타자他者와의 조우로 자아의 형태와 위상이 규정된다. 아버지 앞에선 아들이 되어, 갑에겐 을이 되어, 적에겐 적이 되어, 변기 앞에선 한낱 포유동물이 되어 살아간다. 비난하면 불쾌해지고 칭찬하면 우쭐해진다. 이기면 기쁘고 지면 슬프다. 그러나 모든 것이나인 동시에 아무것도 나는 아니다. 특정한 '나'를 골라봐야 금세 사라져버릴 환상이다. 세상이 아무리 대단하더라도 결국은 구경거리에 지나지 않듯.

타협과 소외 가운데 하나를 고르라면 차라리 소외를 택하는 편이다. 나 자신과 즐길 수 있는 시간이 그만큼 많아지기 때문이다. 좀 더 깊이 사유할 수 있고, 가아假我를 한결 멀리 밀어낼 수 있다. 다행히 싫은 놈을 싫어해도 생계엔 지장이 없다. 대부분의 관계란 반연이자 번뇌이자 이해利害다. 외모만이 아니라 성격 또한 껍데기에 지나지 않는다. 남에게 비친 내 모습은 남에게 이용당할 경우에만 요긴하다. 필요한 만큼만 소통하고 필요한 만큼만 거래하며 힘을 아낀다. 모두를 사랑한다는 건 결국 한 사람도 사랑할 수 없다는 것이다.

부처님을 본받으라고 가르친 선사는 하나도 없다. 아울러 반연을 쉬라는 게 하나같은 당부다. 부처님마저 일개 타자이며, 자유와 자존을 가로막는 장애일 뿐이란다. 타자에 종속된 자아란 운명이지만 동시에 헛것임을 깨달으면, 어찌 됐든 혹은 어떻게든 살아 있다는 사실만이 또렷해진다. 나를 필요로 하되 나를 알아주는 사람에게만, 이토록 견고한 삶을 조금씩 대여하며 산다. 극히 일부의 관계에만 특별히 충실을 기하는데, 요즘의 생애는 사랑의 '부피'가 아닌 사랑의 '농도'에 연연하고 있다. 그것은 그대라는 즐거움과 그대와 함께하는 현실이란 괴로움 사이의 빈 들에 떨어진, 이삭을 줍는 일이다.

그대가 떠난 자리, 온통 암흑이다.
그대가 오던 자리, 눈부신 광명이었던 것처럼.

노 동

우
리
에
게

주
어
진

「
쌀
값
」

노동으로 어른이 된다지만

전쟁같은 밤일을 마치고 난 새벽 쓰린 가슴 위로 차거운 소주를 붓는다. (중략)
죽음이 아니라면 어쩔 수 없지 이 질긴 목숨을, 가난의 멍에를, 이 운명을
어쩔 수 없지 늘어처진 육신에 또다시 다가올 내일의 노동을 위하여
박노해 시集, '노동의 새벽'

주인은 노예를 지배하지만, 노예를 통해서만 세계를 이해하고 활용할 수
있다. 자신의 권위와 향락을 유지할 수 있는 것도 노예 덕분이다. 노예는 주
인에게서 지시받은 노동을 매개로, 자연에 관한 정보와 용법을 얻는다. 하여
주인의 생각은 주관적이지만, 노예의 생각은 객관적이다. 일하지 않는 주인
은 마냥 철부지인 반면, 노동으로 세상과 소통하는 노예는 의젓한 어른이 된
다. 주인은 노예의 노예가 되고, 노예는 주인의 주인이 되는 지점이다.

게오르크 헤겔Georg Hegel의 '주인과 노예의 변증법'에 관한 개요다. 인간은
노동에 입문하면서 자아를 발견하고 세상을 파악한다. 나아가 노동을 숙련
하면서 자아를 실현하고 세상을 변혁한다. 철이 들려면 일을 해야 하고, 땀

흘려 번 돈일수록 허투루 쓰지 않는 법이다. 곧 노동은 인간을 보다 인간답게 성숙시키는 인문이다. 그러나 노동에 돈이 꼬이고 서로 간에 몫을 갈라야 할 때, 사람의 노동은 형벌이 되고 사람 사이의 노동은 전쟁이 되기 일쑤다.

노동으로 어른이 된다지만, 인격의 도야陶冶가 신분의 상승으로 이어지진 않는다. '일하지 않는 자여 먹지도 말라'지만, 일하지 않아도 되는 자일수록 더 잘 먹을 수 있는 게 현실이다. 노동을 소유한 자는 군이 노동할 필요가 없다. 노동의 소유를 담보할 재산, 착취를 옹호해줄 법과 제도, 기득권을 지켜줄 공권력, 합법적 폭력을 동의해줄 정치적 인맥을 갖춘 한, 노예는 아무리 일해도 노예이고, 주인은 아무리 놀아도 주인이다.

어떤 수사로 미화하더라도 노동은 누구에게나 일정하게 곤욕스럽다. 몸과 마음을 지치게 하는 탓이다. 물론 오래 일하든 오래 놀든 피곤하긴 매한가지다. 단 오래 놀면 그저 지칠 뿐이지만 오래 일하면, 슬프다. 노동의 강도가 나의 역량을 넘어설 때, 노동의 보상이 나의 기대에 못 미칠 때, 노동은 세상과의 불화를 촉발한다. 오직 노동을 소유한 자만이 노동에서 해방될 수 있다. 평균의 인간은 더 이상 노동하지 않아도 되는 그날을 염원하며, 더욱 게걸스럽게 노동한다.

일에 신명을 바치는 사람과, 건성건성 일하다 퇴근하는 사람과, 일과 사랑을 구분하는 사람과, 일하는 척 몰래 사랑을 즐기는 사람이 같은 하늘 아래서 같은 꿈을 꾼다. 절대다수가 자신에게 주어진 일에서 더 많은 보상과 보람을 바라게 마련이다. 큰 틀에선 비슷하지만 조금씩 개인차가 나기는 한다. 일을 즐기는 사람이 일에 끌려다니는 사람보다 성격이 좋다. 아울러 독신자보다 가장이, 가장보다 소년가장이 노동에 더욱 절박하게 뛰어든다.

자본에 예속된 노동일수록 볼썽사납고, 생계에 얽매인 노동일수록 측은하다. 하기야 불세출의 밀리언셀러《해리포터》시리즈의 발단은 갓 태어난 딸의 분유값이었다. "돈이 궁할 때 최고의 연기가 나온다"는 어느 여배우의 고백을 들은 적도 있다. 경우에 따라선 '밥벌이'만 한 예술도 없는 셈이다. 그러나 이들에게처럼 기적이 일어나는 일은 극히 드물다. 식구의 입에 풀칠이라도 하려고 미친 듯이 일하는 이는, 결국 한낱 밥풀이나 본드의 처지가 되고 만다. 밥을 위한 노동과 남을 위한 노동은 삶을 어디론가 견인하지만, 인도하지는 못한다.

여릉의 쌀값, 내게도 쌀값

"무엇이 불법의 핵심적인 가르침입니까?"
"여릉의 쌀값이 얼마이던고."

청원행사靑原行思, 《조당집祖堂集》

카를 마르크스Karl Marx는 사회모순의 시작을 '잉여가치'의 출현으로 봤
다. 잉여가치란 노동자가 자신의 임금을 초과해 창출해낸 이윤을 일컫는다.
무형無形이니 정산하기도 어려운 데다, 노동자는 어쨌건 이미 노동에 대한 임
금을 받은 상태라 대놓고 따지기도 애매하다. 결국 주인이 불분명한 잉여가
치는 곧장 자본가의 지갑으로 들어가고, 자본가는 이를 발판으로 거듭 부
를 축적한다. 남이 차린 밥상에 숟가락이나 얹는 신세가 반찬투정을 하기
란, 예나 지금이나 어려운 일이다.

부처님은 출가한 제자들에게 밭을 갈거나 돈을 모으는 일을 허락하지 않
았다. 비구들이 유일하게 할 수 있는 노동은, 여염집을 돌아다니며 밥을 빌

어먹는 탁발이었다. 엄밀히 이야기하면 탁발 역시 밥벌이가 아닌 수행이자 포교라는 종교행위였다. 깨달음의 기반인 육체를 보존하고 신도들에게 복을 지을 기회를 주라는 것이지, 배를 채우고 이익을 남기라는 것이 아니었다. 출가出家. 인간을 벗어나기로 결심한 이상, 인간으로서의 오점은 조금도 용납되지 않았다.

부처님이 교단에서 노동을 금한 이유는 잉여가치 때문일 것이다. 대충 일하든 열심히 일하든 어떤 몫이 떨어진다. 혼자 먹을 것인가 아니면 나눠 먹을 것인가를 고민한다. 내가 좀 더 가져가고 싶은데, 남이 덜 가져갈까봐 미안하면서도 더 가져갈까봐 불안하다. 끝내는 나와 이목구비도 다르고 출신성분도 다른 저 몸이, 무엇보다 나보다 잘 사는 저 몸이, 어떻게 내 몸일 수 있는가라는 아집이 생긴다. 이렇듯 이윤은 집단의 번영과 함께 불화를 가져온다. 그리고 불화가 이긴다.

돈에 대한 기대와 땀에 대한 대가가 아닌 노동 자체에서 기쁨을 느끼는 노동, 나만이 아닌 우리를 위하며 우리에게 공평하게 대가가 분배되는 노동이라면, 노동은 온당하고 거룩하다. 그러나 노동의 결과는 평등이 아닌 빈부, 평화가 아닌 갈등으로 귀결된다. 보편적으로도 경험적으로도 진실이다. 인간의 존재 형식은 집체集體가 아닌 개체個體이며, 개체는 필연적으로 개체를 위해 살기 때문이다. 만약 노동이 '우리'를 위해 출발했다면, 아무도 노동하지 않았을 것이다.

불교가 실용적인 중국인들을 만나면서 노동은 수행의 반열에 올랐다. 비근한 예가 '하루 일하지 않았으면 하루 먹지 않는다'는 백장회해 선사의 선농일치禪農一致 정신이다. 일을 해야 사람이고 일을 해야 깨달을 수 있다는 것이다. 부처가 되겠다고 따로 일을 할 게 아니라, 지금 하고 있는 일을 그저 하라는 것이다. 수행의 본령이 일상으로부터의 초월에서 일상에의 충실로 옮겨가는 대목이다. 지금 이대로, 힘들겠지만 열심히 살아라! 희망과 여유가 아닌, 근심과 곤란이 실존이다. 구원은 없다는 통찰이 곧 구원이다. 등등.

'여릉의 쌀값'은 나를 조사선으로 이끈 최초의 선답禪答이다. 평상심시도平常心是道 운운에 거칠고 불안한 생각을 맡길 수 있었다. 나이를 먹고 직장생활을 오래 하고 살림을 꾸리면서, 선답에 대한 느낌은 여전히 씁쓸하되 한결 단단해졌다. 선사가 말한 '쌀값'이란 인간의 땀과 피로, 음모와 배신, 타협과 조정의 총량이자 응축이란 성찰. 누구나 쌀값에 연연하고 더구나 연루되어 있는 만큼, 쌀값이 부여한 노동과 쌀값이 지정한 처지를 견뎌야 한다는 것.

'오직 할 뿐'이라면…

"뭘 하느냐?"
"예불禮佛합니다."
"예불은 해서 뭐하느냐?"
"예불은 좋은 일입니다."
"좋은 일도 일 없음만 못하다."
조주종심趙州從諗,《오등회원五燈會元》

농경사회에서는 노동이 자연과 직결됐다. 자연을 손수 돌보고 가꾸는 일이었고, 자연이 용납한 만큼만 수확을 얻을 수 있었다. 과거의 노동이 진정 인간과 자연의 상호작용이었다면, 현대의 노동은 인공人工에 대한 재가공인 경우가 주류다. 대부분의 업종이 서비스업이고, '입으로' 밭을 가는 게 근로의 주된 형태다. 그래서 부모형제에게 안부전화 한번 안 하는 인간이, 저명인사를 인터뷰하기 위해 수화기 안으로 온갖 사탕발림을 밀어 넣는다.

선불교 전통에서 노동은 곧 수행이었다. 홀로 해야 하고, 땀 흘려 해야 하고, 자연과 하나가 되어야 하고, 자족해야만 결실을 이룰 수 있다는 점에서,

농사만 한 정진도 없다고 여겼다. 그러나 현대인들의 수행은 노동을 극복하기 위한 수행이다. 유독 직장인들 사이에서 명상의 유행이 세차게 분다. 옛날과는 아주 크게 달라진 근무환경이 이를 부추긴다. 일하다 몸을 다치는 사고는 줄어드는 반면, 마음을 다치는 재해는 빈번해지고 있다. 도통 몸을 쓰지 않고 머리나 굴리고 입이나 놀리고 앉았으니, 마음이 허약해질밖에. 무엇보다 홀로 일만 하는 자를 업신여기고, 땀 흘려서 버는 돈을 우습게 보고, 자연과 하나가 되는 것을 객기로 치부하고, 자족을 죄악시하는 풍토.

연예인이 천하지대본인 시대다. 세상이 부러워하는 직업군의 특성을 간추리면 다음과 같은 요약으로 모아진다. 남들을 속이고 자신을 꾸미는 기술이 얼마나 '터무니없이' 탁월한가! 이러한 기술이 부족한 비전문직은 대개 회사를 떠나지 못하는데, 이들은 상당한 양의 '잉여가치'를 손해보고 있는 실정이다. 욕먹는 값, 묵살당하는 값, 묵인하는 값, 꼴불견을 봐줘야 하는 값…, 월급명세서에는 기재되지 않는 노동의 대가다.

노동이 수행이 아니라면, 그것은 노동의 취지와 방향성에 대한 비판이다. 노동이 '내 것'의 안전에 관한 애씀이라면, 수행은 '내 것' 너머를 향한 수고다. 노동이 채움을 위한 집착이라면, 수행은 비움을 위한 몰입이다. 하지만 뭐라도 채운 뒤라야 비워야겠다는 생각이 든다. 수행은 취미가 될 수 있지만 노동은 취미가 되기 어렵다. 깨닫지 못해도 사는 데 지장이 없지만, 일하지 않으면 가족이 굶는다. 수행보다 노동이 먼저고, 천하지만 더 무겁다.

수행은 삶을 빛나게 해주지만 삶을 먹여 살리지는 못한다. 노동은 삶을 괴롭히지만 삶을 그나마 삶답게 지켜준다. 수행하지 않는 자의 노동은 상스럽지만 안쓰럽다. 노동하지 않는 자의 수행은 아름답지만 아니꼽다. 물질적 행복이든 정신적 행복이든, 특정한 바람 때문에 고됨을 감수한다는 것만이 수행과 노동의 유일한 공통점이다. 기름밥을 먹든 가부좌를 틀든, 그리고 남에게 잘 보이기 위한 것이든 나를 잘 보기 위한 것이든, 형태와 목적이 규정된 삶은 한계에 부딪힌다. 일정하게 보람되면서 또한 일정하게 허무하다.

'쌀값'은 모두가 거기에 관여한 만큼 모두에게 동일하게 적용된다. 노동의 저변을 넓히면 끼니를 이어야 하는 것도, 역경에 부딪히는 것도, 치매 부모를 모시는 것도, '절친'에게 사기를 당하는 것도 하나의 '일'이다. 궁극적으론 태어난 것, 자의와는 상관없이 이 세상에 던져진 것 자체가 최초이자 최강의 숙제다. 그렇다. '일'에서 태어난 게 나다. 누구에게나 일이 있고 일이 생긴다. 좋은 일도 일이고 나쁜 일도 일이며, 일답지 못해도 일은 일이다. '오직 할 뿐'이라면, 실패와 좌절은 있을지언정 자살이나 살인은 막을 수 있을 것이다.

길 위에서 해볼 만한 일은,
걸어가는 것뿐이다.

자유

놀아주되, 놀아나지는 말 것

대부분의 논리는 모방
대다수의 생활은 표절

현대인들은 아직도 모든 종류의 독재자들에게
자신의 자유를 바치기를 갈망하거나 유혹받고 있다.
에리히 프롬, 《자유로부터의 도피》

독재정권이 종식되면서 나라의 중심은 여러 곳으로 분산됐다. 알다시피 그때의 자유는 반공이었고, 그 밖의 자유는 대부분 범죄였다. 사회가 다원화된 만큼 자신의 뜻이나 몫을 주장하는 목소리 또한 무한정 많아졌다. 이즈막의 자유엔 소음과 '악플'이 동반된다. 하기야 되는 소리 안 되는 소리 마음껏 떠들 수 있는 자유도, 말 한마디에 생사가 뒤바뀌던 시절을 고려하면, 그야말로 부처님의 가피다.

그러나 발언의 자유마저 온라인 공간이나 만만한 인간 앞에서만 누릴 수 있는 권리다. 생계를 걱정하고 관계에 연연하다 보면, 말을 가리고 몸을 낮추게 되기 일쑤다. 민주화는 어렵게 생환했지만 자유는 여전히 감감무소식이다. 관점과 진영에 따라 해석도 제각각이다. 자유연애주의자의 자유가 간통이라면, 신자유주의의 자유는 자유로운 착취와 탈세다. '자유인'이라 쓰고 '빨갱이'라 읽는 사람도 여전히 많다. 아니면 또라이 아니면 고문관.

으레 외부적인 구속으로부터의 탈피를 자유의 첫인상으로 떠올린다. 아쉽게도 외부적인 구속은 영속적이다. 감옥이었다가, 생지옥이었다가, 매를든 부모였다가, 돈을 쥔 부모였다가, 고약한 군대 고참이었다가, 직장 상사가 된 고약한 군대 고참이었다가…. 대출상환 연체를 알리는 공손한 목소리로도 '나튼다'. 개인적으로 가장 무서운 구속은 담배가 없거나, 담배는 있는데 라이터는 없는 상황이다. 독재자는 죽지 않는다. 다만 쪼개질 뿐이다.

자유는 조건적이고 가변적이다. 부자유로 규정되는 상태는 삶의 양상과 사람의 처지에 따라 일정하게 다르다. 그때마다 혹은 각자가 바라는 자유의 모양새 역시 천차만별이다. 단, 부정적인 현실 인식과 탈출에 대한 갈망이 자유의 모태라는 점만은 동일하다. 일탈이나 해방을 자유의 동의어로 여기는 것이다. 하지만 일탈은 처벌을, 해방은 실직을 낳는다. 완전한 개인적 자유의 조건은 사회적 죽음인 셈이다.

자유를 포기하거나 유보한 대가로 세인들은 돈을 벌고 명성을 얻는다. 남들이 정한 규칙을 익히고 남들이 즐기는 코드에 맞추면서, 남들의 지갑을 턴다. 남들의 눈을 본받고 남들의 말을 익히면서, 남들과 어울리거나 겨룰 힘을 얻는다. 그러므로 현실 속 자유의 전제는 타자他者의 용인容認이다. 적절한 절제와 위선을 유지해야, 한 움큼의 자유라도 보장받을 수 있는 법이다. 그렇게 '눈치'에 열심히 물을 주다 보면, 종국엔 내가 원하는 자유보다 남들이 부러워하는 자유에 혈안이 된다.

워터파크에서 놀이기구 한번 타보겠다고, 땡볕 아래서 2시간을 기다리는 군중이 과연 인간일까 아니면 한낱 풍경일까. 인간은 그 자체로 존엄하다지만, 타자他者의 자본과 문화를 퍼다 나르는 '매체'에 불과한 경우가 더 많다. 사람 사이에서 사는 사람은 사람이 지어낸 권위와 제도, 예법과 유행에 기대어 사람다움을 지탱하게 마련이다. 대부분의 논리는 모방이고 대다수의 생활은 표절이다. 인간은, 인간을 벗어나지 못한다.

역대 최강의 자족과 긍지이지만

삼세三世의 모든 부처님은 노비이고 일대의 장교藏教는 타액이다.
금산담영金山曇頴, 《오등회원五燈會元》

특히 임제의현의 살불살조殺佛殺祖 선언 이후 어록에 나타난 선사들의 모습은 가히 동물적이다. 세상을 즉물적으로 파악하고 즉흥적으로 말하는 라이프스타일엔, 좀처럼 인간의 냄새가 나지 않는다. 생사生死를 손등과 손바닥의 차이쯤으로 여기는 그들은, 좋은 자리는커녕 누울 자리도 살피지 않는다. 믿는 구석도 없으면서 막말을 하고, 비빌 언덕도 없으면서 권력을 비웃는다.

그들의 '근거 없는' 자신감에는 자유의 원형질이 묻어난다. 보살행이, 그것도 황제의 보살행이 죄다 쓸데없는 짓거리라던 달마의 면박이나, 부처와 조사를 만나는 대로 죽이라던 임제의 독촉이나, 도道는 똥 닦는 휴지라던 운문의 딴청이나, 괜한 고민 말고 차나 마시라던 조주의 핀잔이나…. 격외格外의 언행들은 동일한 과녁을 겨냥하고 있다. 그렇게 당하고도 아직까지 그럴 듯한 무언가를 꿈꾸는가. 지금 너의 모습 그대로가 삶의 완성이자 존재의 최선인데.

　조사선의 핵심사상은 즉불卽佛이다. 존재하는 모든 것은 그 자체로 완전
하며, 이러한 사실을 인식하는 일이 곧 깨달음이라고 가르친다. 돈이든 명예
든 진리든, 외재적이고 초월적인 가치에 현혹되어 스스로를 부정하거나 학대
하지 말라는 당부다. 눈에 보이는 차이와 말이 만들어내는 차별은, 남의 사
정일 뿐이다. 황금을 돌같이 여기듯 비난과 불운을 지나가는 바람으로 여길
것! 역대 최강이라 할 만한 자족과 긍지의 언어다.

　도덕과 정의를 따지고 자유에 토를 다는 사회일수록, 나눠야 할 것이 많
은 법이다. 끝내 이념은 몇몇의 이익을 위해 쓰이고, 자유는 탐욕이나 폭력이
되기 십상이다. 대저 선사들의 정신적 자유는 세상으로부터의 자유에서 비
롯됐다. 세속과의 절연은 적게 먹고 적게 누려도 족할 줄 아는 근기를 키운
다. 무엇보다 굳이 선악과 시비에 개입하거나 참견하지 않아도, 사는 데 그
다지 불편을 느끼지 않는다는 것이다.

　문제는 말 많고 탈 많은 세상에 숟가락을 얹은 자의 형편이다. 경제적 빈
곤과 정치적 열세는 무심無心을 용납하지 않는다. 본심으론 원하지 않는다
해도, 끊임없이 선악을 들이대고 시비를 물고 늘어져야, 정리해고를 면하고
위로금 몇 푼이라도 더 받아낼 수 있기 때문이다. 그들의 분별망상은 생존
과 직결된다. 자심진불自心眞佛을 확신하더라도, 내 마음만 믿고 세상을 건

244

딜 수 있는 사람은 극소수이며, 내 마음대로 세상을 움직일 수 있는 사람은 진짜 한두 명이다. 아울러 남들의 자유와 행복은 헛것이지만, 헛것이어서 선명하다. 이 뚜렷한 색감 탓에, 절대다수는 현실과 용기 사이에서 골머리를 앓는다.

"부처님은 쓰레기이며 당신의 설법은 침이나 튀기는 수다"라는 주장은, 극적인 만큼 허구적이다. 교단의 위계질서에 기대어 사는 불자들에겐 상상 속에서나 가능한 용맹이다. 게다가 금산 선사의 선언은 육성이 아닌 흔적이다. 살아서의 자유엔 일정한 제한이 붙고, 필연적으로 반쪽짜리다. 몸을 받아 머무는 동안의 행적이 입담만큼 거침없고 통쾌했을지는 장담할 수 없다. 더군다나 이토록 거침없이 처신해야 할 상황이 일상에 몇 조각이나 있을까. 하루의 90%는 '좋은 게 좋은 것'이고 95%는 '되는 대로'인데. 개인적으로는 버거운 생태이자 지나친 결기다. 어쩔 수 없이 남들의 자유인 것이다.

삶이 나를 사는 것이다

떠나지 않으면서도 물들지 않는다.
조계혜능曹溪慧能, 《육조단경六祖壇經》

이문열의 단편 《황장군전》은 '이상한' 영웅에 관한 이야기다. 주인공 황봉관은 어릴 적부터 마을의 기대를 한 몸에 받던 괴력의 소유자였다. 그러나 역발산기개세力拔山氣蓋世는 미천한 신분과 우둔한 처세 탓에 현실에 안착하지 못했다. 패가망신의 전형을 보여주던 봉관은 눈보라 매서운 어느 날, 기어코 장군으로 부활했다. 술동이를 가득 실은 수레를 끌고 산꼭대기에 올라가 고고한 임종을 맞았다. "누구도 알 수 없는 이유, 누구도 흉내 낼 수 없는 방법"으로 삶을 마감한 것이다.

"이른바 시대정신으로 포장된 시류에 편승하지 않고", 자신의 소신대로 운명을 꿋꿋이 밀고 나가는 것. 작가는 이를 "정신의 마지막 승리"라고 극찬했다. 물론 '인간 말종'의 해괴한 자위행위라고 비판해도 무방하겠지만. 여하튼 이 짤막한 소설에서 건져낸 화두는 '지속가능한 자유란 무엇인가'라는 것이다. 자유의 근간은 자신에 대한 애정과 신뢰다. 그러나 세상은 자아로 하여금 스스로에 대한 증오와 불신을 부단히 요구한다. 패배가 죄악은 아니지만, 손해인 건 분명하다. 남들과의 싸움으로 용케 얻어낸 권익인 자유가, 그마저도 상황에 따라 위태위태한 이문인 자유가, 과연 자유인가.

제자백가諸子百家의 일원이었던 양주楊朱는 극단적인 개인주의를 표방했다. "내 몸의 터럭 한 올조차 세상을 위해 쓰지 않겠다"던 고집은 유명하다. 얼핏 은자隱者의 자유로 보이지만 강자의 자유에 가깝다. 삶의 자리가 낮고 험할수록, 터럭이 아니라 간이나 쓸개쯤은 내줘야 자리보전이 되는 경우가 허다하다. 다만 '한 올조차' 대신 '한 올만큼은'이라고 고쳐 읽으면, 그나마 지켜낼 수 있을 법한 자유가 슬그머니 얼굴을 내비친다. 나의 '한 올'은 가늘지만 가볍게 사는 일이다.

남을 위해 사는 사람은 나를 위해 사는 사람만큼이나 편향적이다. 정의는 강자가 틀어쥔 요긴한 눈가림이면서, 약자가 가진 유일한 무기이기도 하다. 자유 역시 계급과 계산에 따라 '자유롭게' 활용된다. 정답은 아리송하고 답안만 무성하다. 출처가 불분명하고 용처가 의심쩍다. 가장 믿을 만한 대안은 자유로부터의 자유랄밖에. 형상으로 드러난 것이든, 생각으로 드러난 것이든, 드러난 것은 전부 가짜다. 눈부시지만, 가짜다.

내가 나를 사는 게 아니라 삶이 나를 사는 것이다. 문제를 내는 쪽은 언제나 삶이고, 내겐 문제를 풀 의무만이 주어진다. 값싼 주색으로 얻은 행복이든 고결한 수행으로 얻은 행복이든, 파편적인 느낌에 불과하다. 자유라는 감정도 마찬가지다. 자유의 만끽이든 자유를 향한 갈구든, 삶이 던져준 지푸라기에 지나지 않는다. 모든 것은 불면 날아가버리고 마는 것. 삶의 바깥을 넘보는 자유란 불가능하다. 죽음이 몸에서 나를 꺼내주기 전까진.

내가 나를 위해 태어난 건 아니지만, 그렇다고 남을 위해 태어난 것도 아니다. 일정량의 무관심과 무책임. 세상에게서 속지 않으면서도, 세상에 상처를 주지 않을 수 있는 방법이다. 이는 결국 나의 개성과 안위로 이어진다. 이 세상 모든 삶의 시작은 선택이 아닌 우연이다. 삶. 버린다고 버려질 것이 아니지만, 너무 심각하게 받아들일 것도 아니라는 생각. 자아와 타자에 대한 '전략적인' 망각과 방치는, 어느 시대에 어떤 목숨을 지니더라도 유효하다.

놀아주되, 놀아나지는 말 것.

자비

내가 존재한다는 사실만으로도

그는 지금 나이건만
나는 이제 그가 아니다

절대로 남에게서 찾으려 하지 마라. 멀고 멀어서 나와는 상관없다.
나 이제 홀로 가지만 곳곳에서 그를 만난다.
그는 지금 나이건만 나는 이제 그가 아니다.

동산양개洞山良价,《조당집祖堂集》

《장자莊子》는 전설 속의 새에 관한 이야기로 시작된다. 몸길이가 수천 리에 이르는 물고기 곤鯤이 변신하면 붕鵬이 되는데, 날개만 수천 리에 이른다. 한번 날아오르면 하늘을 뒤덮었고, 수직으로 9만 리를 올라가서야 비로소 한번 쉬었다. 대붕의 눈곱에 묻은 잡티만 한 새들이, 그의 거대한 여정을 비웃었다. '너처럼 살지 않아도 우리는 행복하다.' 다음은 이에 대한 장자의 힐난이다. "가까운 교외에 다녀오는 사람은 세 끼니면 충분하다. 그러나 천 리 길을 가는 사람은 석 달 동안 양식을 준비한다." 어차피 사람마다 그릇이 다르게 마련이다. 또한 지식은 나누기 쉬워도 지혜는 공유하기 어렵다. 말해봐야 입만 아프고 소통해봐야 주름살만 는다. 그러니 '소요유逍遙遊'.

250

'소요유'의 일반적 의미는 '도道와 합일하여 일체의 편견과 집착 없이 자유롭게 노니는 삶'으로 갈음된다. 이렇듯 보편적인 관점들은 장자의 사상에서 대자유를 읽는다. '참새가 어찌 봉황의 뜻을 알겠느냐'는 초연과 웅비의 미학을 익히고 전한다. 그러나 사실 그의 자유는 고독과 체념의 자유다. 행간 곳곳에서 푸념과 한숨을 곧잘 들킨다. 세상이 봉황의 뜻을 알아주지 않는 한, 세상은 다수의 참새가 독점하고 만다. 그의 몸집과 사유는, 그들의 세상에서 결격이자 이단이다. 참새들은 자기들끼리 어울리고 자기들끼리 지껄이면서, 자기들만의 하향평준화를 만끽한다.

대세와 주류로부터 거부당한 채 유언비어나 '뒷담화'로만 존재하는 봉황에겐, 선택의 기로가 주어진다. 예컨대 ①그들의 동물원에라도 자청해 들어가 관심과 소통을 구걸할 것인가. ②역발산의 힘으로 밀어붙여 간사한 것들을 죄다 몰살해버릴 것인가. ③아니면 '뭔가 있어 보이는' 방식에 의거, 그 아픔까지 양식으로 삼을 것인가. ④이도 아니라면 '매우 없어 보이는' 본새로, 그냥 투덜대며 밥이나 처먹을 것인가. 삶은 연기緣起이므로, 지독하게 연기이므로, 시비를 걸어오면 아니 받아줄 수가 없다. 어떤 식으로든 상황에 대응하면서, 생명은 정력을 소진하고 그 자리에 연륜을 채운다.

동산양개 선사가 어느 날 개울을 건너는데, 물에 비친 자신의 모습을 보고 퍼뜩 깨닫는 바가 있었다. '그는 지금 나이건만 나는 이제 그가 아니다.' 나의 형상(그)이 내가 살아 있음을 일러주는 방편이긴 하지만, 나 자체는 아님을 깨쳤다는 것이다. 글머리에 소개한 오도송悟道頌을 남긴 훗날, 그는 자신의 스승이 입적入寂할 때 왜 '나는 다만 그렇고 그런 놈이었다'고 자평했는지 이유를 알게 됐다고 털어놨다. 그간 믿었던 나의 '있음'이란, 그저 남들이 만들어낸 '있음'이었을 뿐이구나!

생김새와 말버릇, 재산목록과 대인관계 등으로 남들은 나에 대한 정보를 입수할 수 있다. 하지만 나의 전부를 파악하진 못한다. 그럼에도 나의 '겉'에서 알아낸 것들로 '속'까지 알았다고 떠든다. 얄궂은 건 그들이 내뱉는 말들이란 본질적으로 '헛소리'와 '뜬소문'에 불과한데도, 자꾸 몸이 달고 애가 탄다는 것이다. 이성과 문명이란 이름의 말장난과 말싸움에 너무 오랫동안 길들여진 결과다. 그래도 오고가며 시간이 날 때, 조용한 곳에 잠자코 앉아 나를 더듬어보면, 동산양개의 깨달음은 완벽하다는 걸 알 수 있다. 내가 봐도 내가 아닌데, 하물며 남이 보는 내가 나일 수 있는가.

현실이 곧 부처

하늘에서 보물이 비처럼 내려오는데,
중생은 제 그릇의 크기에 따라 보물을 받아가는구나.
의상義湘, 〈법성게法性偈〉

'남'들은 둔갑에 능하다. 책이었다가 별이었다가, 밥이고 적敵이다. '집중
호우'나 '독재정권'으로도 나타나며, 여우 같은 아내 혹은 토끼 같은 자식의
얼굴을 하고 대들기도 한다. 마음을 건드리는 모든 것은 남인 셈이다. 불교
에선 이를 경계境界라 일컫는다. 이런저런 경계와 맞닥뜨릴 때마다 자아는 울
거나 웃고, 목소리를 높이거나 위축된다. 결국 자아를 움직이는 주체는 타
자他者이며, 타자에 대한 반응과 선택의 총체가 삶이라는 추론에 닿는다. 그
리고 타자 중의 백미는 단연 타인이다. 같은 것을 먹고 비슷한 것을 즐기는
만큼, 나눠야 할 몫도 다퉈야 할 일도 많으니까.

임제의현 선사의 사료간四料揀은 이러한 자아와 타자 간의 '복마전'을 다
루고 있다. ①사람을 빼앗고 경계를 빼앗지 않는 것 ②경계를 빼앗고 사람

을 빼앗지 않는 것 ③사람과 경계를 함께 빼앗는 것 ④사람과 경계를 모두 빼앗지 않는 것. 주객의 문제를 주체 부정과 객체 긍정, 주체 긍정과 객체 부정, 주체와 객체의 동시 부정, 주체와 객체의 동시 긍정으로 집약했다. 주제가 근본적인 존재론이어서, 근본적으로 딱딱하고 난해한 편이다. 이에 임제는 각각의 양상에 관해 능률적인 비유를 들었는데, 매우 기발하고 귀에 살갑다.

①은 남들을 우위에 놓으며 "대지를 아름답게 물들이는 봄날의 따스한 햇볕"과 같이 온 생명에 대한 자비로 충만한 삶이다. ②는 자아 본위의 삶으로 "왕의 명령이 떨어져 천하에 두루 시행"되듯 자기관리가 완벽하게 이뤄지는 것을 의미한다. ③은 "병주와 분주가 소식을 끊고 각기 한 지방을 차지하는" 것처럼 나도 남도 믿지 못하며 전전긍긍하는 상태다. ④는 "왕은 보배 궁전에 오르고 시골 노인은 태평가를 부르는" 성세盛世와 같이, 스스로를 값지게 여기는 동시에 상대를 존중하면서, 배려와 자족을 실천하는 것이다. 인류가 꿈꾸거나 목말라했던 모든 윤리와 체제가 함축된 담론인 셈이다.

세상은 으레 ①을 권장하지만 이는 체면과 미덕에 눈이 뒤집혀 자신의 실리와 본능을 외면하는 일이다. ④가 최선의 방식인 듯하지만, 세상이 작정하고 못 살게 굴면 하루아침에 철회해 버릴 이념이다. 따지고 보면 어느 것을 '료간'하든, 그 나름대로 타당한 동시에 볼썽사납다. 예컨대 ①은 보살의 삶이면서 정신지체의 삶이다. ②는 능력자의 삶이면서 과대망상의 삶이다.

③은 현대인의 삶이면서 '찌질이'의 삶이다. ④는 철학자의 삶이면서 방관자의 삶이다. 곧 누군가의 삶이면서 누구나의 삶이다.

임제는 네 가지 상황과 관련해 우열을 두지 않았다. 하기야 살다보면 이럴 수도 있고 저럴 수도 있다는 건, 신앙이나 도덕이 넘볼 수 없는, 사실이다. 인연의 변화에 따라 입장과 처지도 천태만상이다. 당장엔 가장 어리석어 보이는 판단이 넓은 시야에선 가장 현명한 판단으로 입증되기도 한다. 반응과 선택의 운運과 질質이 금권과 명예 같은 인생의 표피를 결정하기는 한다. 하지만 그 기준이란 게 대개 편법이어서 위태롭고, 위선이어서 가소롭다. 더구나 최선의 묘수가 죽음마저 극복하지는 못하는 것처럼, 최악의 무리수를 둔다 해도 삶은 결코 무너지지 않는다.

죽음은 삶을 괴롭게 하는 근원이지만, 삶으로부터 벗어날 수 있는 궁극적인 탈출구다. 타자는 자아의 길을 가로막는 장애이면서, 자아의 길을 밝혀주는 등불이다. 태어남과 죽음이 부딪칠 때 삶이 발생하듯, 자아와 타자가 부딪칠 때 삶이 발생한다. 삶이 죽음에서 싹터 죽음으로 돌아가는 것임을 고려하면, 삶이 먼저고 죽음이 나중이라고 말하기도 저어된다. 자아와 타자의 관계도 마찬가지. 삶의 실상實相은 내게도 남에게도 있지 않다. 그러니 종교란 남을 위해 기도하는 것도 나를 위해 기도하는 것도 아니다. 단지 나와 남 사이에 펼쳐진 혼돈을 건디기 위한 침묵 혹은 상처를 덜어낼 수 있는 적절한 몸짓이 필요할 뿐.

요컨대 어떠한 모양의 삶을 택하더라도 그것을 못났다고 말할 순 있어도, 틀렸다고 말할 순 없다. 동산 선사의 스승과 억조창생이 그렇고 그렇게 살아갔듯, 나 역시 그렇고 그렇게 살아갈 것이다. 사료간에 대한 해석은 '붉으락푸르락'하고 '달콤쌉싸름'한 현실이 곧 부처라는 결론에 이른다. 아울러 삶이란 필연적으로 우연과 변수가 개입되는 '게임'인 만큼, 산다는 걸 그리 귀하거나 무겁게 받아들일 필요는 없다는 생각. 궁극의 윤회가 궁극의 열반이라는 중관中觀. 어떤 식으로든 살아갈 수밖에 없음이, 삶의 가장 깊은 샘에서 건져낼 수 있는 부처의 길이다.

어차피 인생이란
무거운 짐이고
되돌릴 수 없는 길이다

고기가 놀면 물이 흐리고, 새가 날면 깃이 떨어진다.
청허휴정淸虛休靜, 《선가귀감禪家龜鑑》

　'자등명법등명自燈明法燈明'은 부처님의 유언으로, 불자들에게 요구되는 오랜 지침이다. '자기 자신과 부처님의 가르침을 등불로 삼아 험난한 인생을 헤쳐가라'는 뜻으로 통용된다. 그런데 부처님이 사용하던 언어인 빨리어 원문에는 '등'이 아닌 '섬'이라고 적혀 있단다. 인생에 대한 은유가, 비록 곳곳이 비탈과 덤불이어도 그나마 운신과 호흡의 자유는 허용되는 길에서, 몸을 가눌 수 없고 숨조차 쉴 수 없는 바다로 비약됐다.

　고통의 무게 역시 무자비하게 가중된 것이다. 부처님조차 고해苦海를 잠시 망각할 수 있을지언정 초월할 수는 없다고 믿었는지 모를 일이다. 끝을 종잡을 수 없는 윤회의 바다에서 생명이 누릴 수 있는 행복이란, 언제 가라앉을

지 모르는 고립무원의 섬에서 잠깐 쉴 수 있는 것일 뿐.

이러고 싶은데 저래야 하고, 이러고 싶지 않은데 이래야 하는 것이 삶이다. 이러지 않을 수 있고 저러지 않을 수 있는 삶을 그리워하며 이러면서 저러고, 나는 이렇고 남들은 저러길 바라면서 목숨은 녹아내린다. 짜증나지만 불가피하고, 후회되지만 어쩔 수 없다. '태어났다'는 것은 곧 '저질러졌다'는 것이고, 저지름은 끝내 삶의 본성이기 때문이다. 운명이 허락한 힘이 바닥을 드러낼 때까지, 몸과 마음의 뜀박질은 멈추지 않는다.

내가 한 걸음 내디딜 때 남도 한 걸음 내디딘다. 그것이 같은 방향일 때는 경쟁이나 혁명이, 다른 방향일 때는 소외나 자유가, 마주하는 방향일 때는 전쟁이나 사랑이 일어난다. 게다가 역사歷史란 두 사람이 아니라 만인이 그것도 오랜 세월 뛰는 것이므로, 진리의 향방은 아무도 가늠할 수 없다.

내가 짐작하는 자아가 헛것이듯, 남이 넘겨짚는 나의 인격 또한 껍데기에 불과하다. 진실은 없거나 알 수 없고 다만 고민과 편견, 미디어와 '사진빨'이 있을 따름이다. 세간의 평판에 지레 겁먹지 않아도 되는 이유이자, 세간사가 아무리 심각하고 거룩하다손 깊숙이 끼어들지 않아도 되는 이유다.

떠나봐야 죽음이고, 기대해봐야 꿈이다. 외길에선 외길을 따르고 갈림길에선 갈림길을 따르며, 벼랑길을 만날 때까지 묵묵히 걸어가는 것. 내가 아쉬워하는 '나', 남들이 원하는 '나'를 거부하는 모든 길이 소요유다. 진정 바르고 빛나는 길은 남과 나 사이를 가로질러 흐른다는 믿음. 나무들이 일정한 간격으로 떨어져 서 있어야만 아름다운 숲을 이루듯이.

중도中道의 숲을 산책할 때면 여러 단출한 언어들을 만난다. 그것들은 삼키기에 부드럽고 때로는 가슴까지 차오르는 말들이다. 먼저 아쉬워 말고 서둘지 말라는 당부. 어차피 인생이란 무거운 짐이고 되돌릴 수 없는 길이다. 다만 검소하고 성실하게 살면 웬만한 불행은 막을 수 있다. 내게 오는 것이든 남에게 가는 것이든. 무엇보다 현실이 곧 부처이니, 내가 존재한다는 사실만으로도 부처라는 통찰. 그러니 괜찮다 괜찮다 괜찮다…. 남들에게 줘도 능히 박수를 받을 만한 자비다.

눈앞의 쓸모는 기어이 눈을 찌르고,
눈 밖에 난 쓸모는 마침내 귀를 열어준다.

죽음

쇼
펜
하
우
어
의

자
살

반
대

삶은 죽음의 외출 혹은 일탈

내 죽음에 아무런 판돈을 걸어놓지 않은 이런 순간에
어서 그것이 왔으면 좋겠다
미안하지만, 후련한 죽음이
황지우 시, '눈 맞는 대밭에서'

자살예방사이트에 접속하면 자살을 극복했거나 고민하는 사람들의 수기를 만날 수 있다. 미안하지만, 위안이 된다. 구구절절한 사연들 속에서 웬만하면 사업을 해선 안 되며, 사채를 써선 안 된다는 교훈을 얻는다. 인명재천이고 새옹지마인 데다 혈육과 친구도 소중하지만, 결국 목숨을 좌우하는 건 돈이다. 아름다운 말들을 새삼 경계하게 되고 삶의 의미를 깔끔하게 정리해준다는 점에서, 그들의 핏빛 하소연은 유용하다.

자살을 처음 생각한 게 열일곱 살 무렵이다. 두어 번쯤 시도해봤는데, 맨 정신이어서 손이 말을 듣지 않았다. 지금도 '죽고 싶다'는 소리를 입에 달고 산다. 간혹 죽이고 싶을 때도 있다. 그러나 지금의 죽음은 그때처럼 소란스

럽거나 매력적이지 않다. 삶이 그때처럼 경쾌하거나 관능적이지 않은 탓이다. 이즈막 뇌리에 박힌 경구는, 살아지니까 살아간다는 것이다. 그리고 이것 이상의 행복을 경험한 적이 없을 만큼, 깨달음은 강건하고 더구나 핏빛이다.

외려 죽음보다 두려운 것이 죽음 앞의 아픔이다. 질병을 타고 찾아오는 죽음은 삶을 더욱 초라하게 만든다. 병마와의 싸움은 패배가 예정된 사투다. 지치고 약해지면서 목숨을 구걸하고 방심放心을 후회한다. 초기불교가 '육신이 남아 있는 한 해탈은 불완전하다(유여열반, 有餘涅槃)'고 엄연히 선을 그은 이유다. 그리고 그 '남음'이 '참음'과 '물음'을 요구한다. 볼썽사납게 엉겨 붙어 있는 몸과 이름을 견디며, 참된 몸과 이름은 어딘가 다른 곳에 있을 것이라 꿈꾼다.

자살률 세계 1위, 이혼율 세계 2위. 언필칭 상생과 국격國格을 이야기하는 대한민국의 폐부다. 자살이란 현상 역시 재해석되어야 옳다. 아르투어 쇼펜하우어Arthur Schopenhauer는 저서《의지와 표상으로서의 세계》제69장에서 "자살이란 삶에 대한 의지의 부정이 아니라 강렬한 긍정"이라며 "삶을 포기하는 것이 아니라 고통을 유발하는 특수한 상황을 파괴하는 것일 뿐"이라고 말했다. 자살의 결과는 종말이고 허무이지만, 자살이란 행위는 열정이고 투혼이란 것이다.

성추문으로 목을 맨 교장이나 수뢰혐의로 강물에 뛰어든 시장에게서 보듯, 일정한 사회적 고지를 선점한 자일수록 자위自衛의 방법으로 죽음을 택하기 쉽다. 추락보다는 소멸이 낫다는 판단에 따른 결행으로 여겨진다. 이름을 위해 몸을 버리는 격이다. 반면 몸을 위해 이름을 버리는 자들은 대개 익명이나 낙향에 기대는데, 소금기마저 걷어낸 생태에도 노사老死의 법칙은 예외 없이 적용된다. 삶이란 죽음의 외출 혹은 일탈에 지나지 않는다.

죽음은 삶의 어머니이지만, 도망간 어머니다. 산다는 건 그야말로 사는 것이어서, 삶 이외의 범주를 허락하지 않는다. 동시에 삶을 내다버린 장본인임에도 불구하고, 죽음은 삶에 눈길 한번 주지 않는다. 살아 있는 동안의 죽음은 짐작이거나 환상이거나 징후이거나 통증에 불과하다. 알 수 없는 죽음의 내용 앞에서 사람들은 저마다의 형식으로 죽음에 임한다. 연명치료와 분신자살 사이에 가득한 이런저런 몸부림들. 죽고 싶다는 것조차, 죽도록 살고 싶다는 것이다.

죽음은 없다

태어남은 적삼을 입는 것과 같고,
죽음은 바지를 벗는 것과 같다.
《선가숩이禪家龜鑑》

《의지와 표상으로서의 세계》의 첫 문장은 "세계는 나의 표상表象이다"라는 선언으로 시작된다. 의지란 거칠고 음란하면서 악의적인 생명력이고, 표상이란 의지에 의해 뒤틀릴 수밖에 없는 세계의 실상이다. "인간은 그럴 만한 이유가 있어서 무언가를 욕구하는 것이 아니다. 그저 욕구할 수밖에 없으므로 그에 대한 변명을 찾으려 애쓸 뿐이다. 철학과 신학은 욕망의 추잡스러움을 감추기 위한 구실"이라는 구절에선 인간에 대한 멸시가 도드라진다. "우리들의 의식이 의지에 의해 실현되는 한, 동시에 끊임없는 기대와 불안을 품게 하는 욕망에 쫓기는 한, 우리는 결코 지속적인 행복이나 평화를 기대할 수 없다"는 글귀에는 삶에 대한 불신이 압인됐다.

쇼펜하우어는 극단적인 독선과 염세의 성격으로 유명하다. 자살로 추정

되는 부친의 죽음과, 이후 한결 자유로워진 젊은 모친의 자유연애로 인해, 평생토록 여자를 욕하며 살았다. 당대 최고의 철학자 헤겔을 맹렬하게 비판하다가 대학 강단에서 쫓겨난 전력도 갖고 있다. 이발사에게 절대 목둘레의 면도를 맡기지 않았으며, 머리맡에 장전한 권총을 놓아두고 잠을 청했다. 죽을 때까지 독신이었고, 아버지가 남긴 재산을 조금씩 떼어먹으며 하숙집을 전전했다. 단지 의지의 준동을 유예하거나 약화할 수 있는 사색, 자연을 있는 그대로 관조할 수 있도록 도와주는 예술에만 희망을 걸었다. 욕정 감소에 효험이 뛰어난 불교의 수행에도 후한 점수를 주면서, 삶에 대한 원한을 달랬다. 그의 깨달음은, 업보다.

그의 분노엔 출구가 없었다. 그러나 다수의 비관주의자들처럼 죽음을 동경하거나 예찬하지는 않았던 게 의외다. "생生에 대한 의지에게 생은 언제나 확실한 것이고, 생에게는 고통이 본질적이므로, 하나의 개별적인 현상의 자의적인 파괴인 자살은, 의지란 물자체物自體에게는 아무런 장애가 되지 않는다. 마치 무지개를 지탱하고 있는 물방울이 계속적으로 명멸하더라도 무지개는 그대로 유지되는 것과 같다. 그러니 자살이란 정말 무익하고 바보스러운 행동인 것이다." 누구 하나 없어져도 세상은 눈부시게 빛날 것이며, 또 다른 누군가가 순식간에 태어나 그 아름다운 헛것에 다시 취할 것이란 고찰. 맹목적인 생명의지가 있는 한, 죽음은 순간이고 삶은 영원하다. 궁극적으로 죽음은 없다.

말년이 되어서야, 악성 댓글로 치부되던 그의 저작에 기어이 볕이 들었다. 형이상학적 위선 없이 불편한 진실을 담대한 목소리로 설명하던 결기를, 전문직 중산층이 주목하기 시작한 것이다. 칠순이 되던 생일날 세계 각지에서 축하편지가 날아들었고, 자신에 관한 신문 기사를 읽는 일로 소일하며, 누구 못지않은 낙천주의자로 여생을 보냈다는 전언이다. 다만 세상을 긍정하고 사랑할 수 있는 시간은 단 2년밖에 주어지지 않았다. 비로소 의지의 불길이 몸을 놓아줄 때, 최종적인 인생론이 무엇이었을지 궁금하다. 어쩌면 쇼펜하우어가 고수한 절망과 저주의 어법은, 삶에 대한 미련과 집착을 가리기 위한 꼼수였는지도 모른다. 산다는 건 이러나저러나 삶이다. 얽매이고 흔들린다.

죽음은 삶의 원형

죽음은 삶이 만들어낸 최고의 발명품.
스티브 잡스

사방이 온통 하얀 방에 들어가면 어떤 느낌이 들 것 같으냐는 질문에, 편안할 것이라고 답한 적이 있다. 뒷장의 답안을 들춰보니 죽음에 대한 무의식적 관념이란다. 무위와 나태를 추구하는 성향을 새삼 확인할 수 있었던 유익한 심리테스트였다. 그 기억에 대한 평가는 달라지지 않았으나, 덧붙었다. 여전히 용하다 싶으면서도 이건 아니다 싶다. 왜냐하면 하얀 방이라는 은유는 심리테스트 출제자의 죽음에 대한 관점에 지나지 않기 때문이다. 죽음과 허무에 대한 동경은 조금 느리거나 별난 삶의 형태일 뿐, 죽음 자체는 아니듯이. 살아서의 죽음이란 결국 삶이다. 게다가 내가 아무리 죽고 싶다 해도 몸은 유유히 살아간다. 반면 내가 아무리 살고 싶다 해도 몸이 무너지면 그만이다. 삶은 나를 위해 존재하지 않는다.

남들의 죽음은 삶에 살을 붙인다. 원근처 곳곳의 죽음은 살아남은 자에게 어떤 식으로든 자국을 남긴다. 재난영화 속의 횡사는 꿈자리를 헝클고, 직계비속이 죽으면 가슴에 무덤이 생긴다. 음주운전차량에 부딪치는 죽음이나 아파트 옥상에서 떨어지는 죽음은 안도감과 자존감을 선사한다. 생면부지의 타인을 구하고 대신 죽는 의인이나 물구나무를 선 채 죽는 선사는 경외감과 함께 열등감을 부른다. 세상을 뒤흔든 명인의 죽음이나 세상을 뒤바꾼 천재의 죽음은, 출판시장을 뒤흔들고 IT시장의 판도를 뒤바꾼다. 마음에 죽음을 쌓아두면 확실히 삶이 더욱 선명해진다. 죽음은 삶의 귀천을 가리지 않는 데다 뇌물도 받지 않는다. 그러므로 만유萬有의 삶은 절대적으로 동등하다는 것이다. 지혜란 죽음의 축적이다.

스마트폰을 쓰고 있지만, 약간의 사기를 당해 본의 아니게 쥐어진 물건이다. 트위터를 할 시간이 있으면 낮잠을 잔다. 굳이 과일을 먹으라면 사과를 집는다는 것이, '애플'과의 유일한 연결고리다. 전국적이든 전 세계적이든, 신드롬이 일어나면 집단적 광기와 얄팍한 상혼으로 매도하는 편이다. '시한부'는 내게도 가능한 재앙이다. 그를 다시 보게 된 건 오직 한 가지, 삶과 죽음의 관계에 대한 빛나는 통찰과 수사 때문이다. 죽음이 삶을 밥 먹게 하고 꿈꾸게 한다. 때론 죽음이 삶을 더럽히지만, 죽음만이 삶을 쉬게 한다. 삶을 삶답게 꾸미려면 단연코 죽음이 필요하다. 죽음이 없었다면, 이 세상 모든 삶은 산송장이다.

삶은 죽음이 만들어낸 최악의 발명품이라 믿고 싶을 때, 더 이상 죽을맛이 아니라 진짜 죽음을 맛보고 싶다. 그러나 가장 강력한 타자이자 가장 독특한 경험인 죽음은 섣불리 삶에 개입하지 않으면서도, 아무 때나 밀고 들어온다. 들숨과 날숨 사이에도 나타날 수 있는 게 죽음이지만, 암세포에 곤죽이 된 몸 앞에서도 결단을 망설이는 것이 죽음이다. 다만 분명한 사실은 삶은 죽음의 그림자이며, 삶의 원형은 죽음이라는 것이다. 그리고 살아 있는 것에게 주어진 필생의 몫이란, 그저 살아가다가 죽는 일이다. 천지가 개벽을 해도 그것뿐이다. 배우들의 연기와 무대장치가 각양각색에 천양지차더라도, 결말은 같다. 이렇게 단순하고 명료한 것을, 참으로 오랫동안 전전긍긍하며 씨름해왔다.

생사生死의 행보는 생계와 비슷하여,

자고 일어나도 피로가 안 풀리네.

지혜

마지막 보루, 네버마인드 (Nevermind)

배후도, 구원도 없다

삶도 다만 그렇고 죽음도 다만 그렇거늘,
열반송은 무슨 열반송!
대해종고大慧宗杲, 《서장書狀》

 중국 후한 시대에 편찬된 《설문해자說文解字》에 따르면, '시작'을 뜻하는 한
자 '초初'는 옷감을 칼로 자르는 일을 본떴다. 고대의 지식인들도 모든 시작
始作은 반드시 상처를 낸다고 여겼던 듯. 대저 공空을 찢어야만 색色이 나타나
며, 나무는 대지를 뚫고나온 일종의 송곳이다. '점유'를 존재양식으로 택하
고 있는 모든 생명은 필연적으로 확장과, 확장을 위한 폭력을 꿈꾼다. 그러
니 몸을 기반으로 한 삶은 매력적이지만 살인적이다. 태어났다는 건 곧 저질
러졌다는 것이고, 무언가를 계속 저지르리란 것이다. 운명이다.

 기독교인들은 태초에 말씀이 있었다고 믿고 싶겠지만, 태초에 '자극'이 있
었다. 신생아가 세상을 처음으로 맞닥뜨렸을 때 최초로 보이는 반응인 울
음. 아직 언어를 얻지 못한 상태에서, 자신에 대한 보호를 요청하기 위한 본

능적인 방편이다. 남들을 향해 곡을 하던 그 마음으로 사람은 밥과 짝을 찾고, 이익과 적선積善을 즐기며, 정의와 하나님을 만든다. 그들의 옳음은 끝내 이로움이고, 그들의 희망은 기어이 욕망이다. 그렇게 "나 좀 알아달라"는 하소연들이 모여 사회를 이룬다. 물론 그것은 죄악이기 전에 현실이다.

선문답에서 묻는 자의 끙끙이도 결국은 태초의 말씀을 향한 염원이다. '불법佛法의 대의大意'라거나 '달마가 서쪽에서 온 까닭' 운운…. 세상을 세상이게, 나를 나이게, 삶을 삶이게 하는 것이란 기원과 본질에 관한 물음이다. 그리고 이에 대한 해답을 찾음으로써 세상의 패악과, 나의 못남과, 삶의 끝 모를 비애를 위로받고 싶다는 속내다. 그러나 깨달은 자들은 '뜰 앞의 잣나무'나 '똥 닦는 휴지'라는 대답으로, 그들의 '형이상학적' 욕구를 빼앗아 멀리 내던져버린다. 그저 있는 그대로다. 배후도, 구원도 없다니까!

《주자어류朱子語類》에 적힌 "남이 주체이고 나는 객체"란 통찰만으로도, 주자는 읽어줄 만한 텍스트다. '나'는 '남'에서 온다. 나에게 밥과 옷과 집을 주는 것도, 성격을 만드는 것도 남이다. 햇볕과 바람도 남이며, 부모와 죄업도 남이다. 생명조차 남이 저질러놓은 현상이다. 인생은 타자他者에 대한 거부와 교감, 동경과 질투, 예속과 습합의 과정을 거쳐 숙성된다. 사정이 이러하니, 자아란 것도 오만 가지 놈들이 버리고 간 쓰레기를 모아놓은 가죽부대에 불과한 셈이다. 하지만 그걸 짊어지고 꾸역꾸역 발품을 팔아야, 푼돈이라도 생기는 게 또한 인생이다.

현대의 노동은 대부분 남들의 말을 들어주는 서비스업이다. 삶이란 살림이어서, 내가 살려면 어느 정도 남들을 살려내야 하는 게 순리다. 남들을 신뢰하지 않더라도 일정하게 존중해주는 중용中庸의 탄력이 삶의 안보를 떠받친다. 하지만 눈칫밥이란 건 본래 아무리 먹어도 마음을 허기지게 하는 물건이다. 타인의 이목에 대한 폄훼는, 나를 믿기는 힘들지만 그만큼 아껴줘야 하는 마음의 질량과 동일하다. 삶은 끝내 나의 복이고 나의 죄이며 나의 몫이다. 어쩌면 위선과 가식의 최소화가 나의 궁극적인 경제經濟다. 허세나 집착이 아닌 필요에 의해서만 움직이고, 미래에 기대되는 폭리를 위해 지금의 안락을 판돈으로 걸지 않는 것. 진정 자연自然이라 할 만한 삶을 오랫동안 그리워해왔다.

삶은 끝내 나의 복이고
나의 죄이며 나의 몫이다

"벗어나려 합니까?"
"벗어나려 해도 길이 없구나."
"벗어나면 어떤 사람이 그를 맞이합니까?"
"무쇠형틀을 걸머진 자가."

조산본적曹山本寂, 《조산록》

정화와 혁명, 성전의 이름으로 자행된 살육의 세계사를 고찰하면 몇 가지 선명한 모순을 깨친다. 최선의 목적에서 최악의 결과가 도출된다는 것이며, 선과 선이 만나면 악이 된다는 것이며, 안정과 화합만큼이나 분열과 파괴 역시 새로운 역사를 여는 공헌자라는 것이다. 행복은 언제나 승리한 자의 행복이며, 종교는 끝내 기복이다. 그러나 한편으론 누구에게나 승률은 최종적으로 5할 언저리이며, 패배는 훌륭한 스승이다. 삶은 그야말로 생명이어서, 내막과 앞날을 종잡을 수가 없다. 불운은 필연이며 요지경은 만고의 실상이다. 다만 신성神聖이나 자살에 기대지 않고, 팔자나 자비를 들먹이지 않으며, 진실의 검은 절반을 흔연히 감내하는 것, 그것이 조사선祖師禪의 길이다.

사는 게 괴로운 이유는 남들이 죄다 불한당이어서가 아니다. 외려 삼라만상 모두가 존귀한 부처이기 때문이란 생각. 잘 나가거나 혹은 잘 났다고 믿는 만유萬有가 서로 다른 이상과 사랑을 펼치며 자유롭게 노닐다보니, 세상이 이토록 어지러워지는 것이다. 악은 불의의 사고도, 창조주의 저주도 아니며 그저 나와는 다른 남들의 꿈이다. 아울러 나보다는 남들의 숫자가 훨씬 많으니 결국 세상만사는 이것이 아니라 이것 아닌 것으로 흘러들고, 슬픔은 돌발突發이 아닌 편재遍在다. 슬픔의 물길을 돌릴 요량에 으레 기도를 하거나 부적을 사는데, 위기를 모면하겠다고 땅 속에 머리를 처박는 꿩이 되고 싶지는 않다. 슬픔은 극복되지 않는다. 다만 발효될 뿐이다.

'있는 그대로가 삶의 완성이자 존재의 최선'이란 명제는 아름답지만 연약하다. 우선 남들은 내게서 있는 그대로의 모습을 바라지 않는다. 이익이 되지 않기 때문이다. 누구나 부처이지만 내가 부처라고 할 때, 아무도 부처가 아니게 된다. 반면 부처 아닌 자가 되어 부처 아닌 자들과 지지고 볶은 결과의 총체가, 지금 내가 이룬 소유所有와 사유思惟다. 곧 자아란 갈등의 씨앗인 동시에 정진의 원천이다. 누구나 나에게 관여할 수 있지만, 아무도 나를 대신할 수 없다. 나는 남을 위해 살 수 있지만, 남이 되어 살 수는 없다. 줄기차게 소통하면서도 도무지 합일하지 못하는 원인이다. 더구나 그것은 생각할 줄 알고 말할 줄 아는 것들의 숙명이다. 얽매임과 흔들림은 결함이 아니라 삶의 본성이다. 너무 애쓰지 말자.

자아는 처한 상황에 따라 사뭇 다른 모양새를 갖는다. 남편으로서의 나와 기자로서의 나는 전혀 다른 사람 같다. 연기緣起란 다름 아닌 조건을 의미하며, 조건적인 삶은 언제나 한계와 장애를 만난다. 생겨난 것은 반드시 사라지지만, 사라진 것 역시 기어코 생겨난다. 무수히 반복되는 '역전'의 드라마 속에서 무언가를 택하고 그에 따른 대가를 받는 게 삶이다. 연기를 체득한 삶의 양식을 가리키는 중도中道란, 결국 살아가는 순간순간 맞닥뜨리는 이런저런 조건들을 얼마나 원만하게 수용하고 버텨내느냐의 문제다. 아직 가지 않은 가운뎃길에서의 안주가 아니라, 이미 가버린 어떤 길에서의 집중이다.

진실의 검은 절반을
흔연히 감내하는 것

버리려 하든 구하려 하든, 모두가 더럽히는 것이다.
청허휴정,《선가귀감》

자신의 의지와는 상관없이 시작되는 삶에는, 필연적으로 근심과 양심이 깃들게 마련이다. 생명은, 자신을 세상에 내다버린 게 죽음이란 녀석인데, 그 놈에게 굴복해 제 발로 걸어 들어갈 순 없다는 오기를 곱씹으며, 살고 또 산다. 그러나 삶이란 또한 특별한 계획이나 준비 없이 자행된 것이어서, 늘 불안하고 산만하며 무언가에 자꾸 기대려고 한다. 이토록 쩨쩨하고 치사한 게 삶의 본질인데, 천지간에 과연 목숨을 걸 만한 일이란. 용케 현실을 붙들고 있는 몸과, 그 안에 깃든 한 조각 마음으로, 지금 코앞에 주어진 일을 해내는 것 말고는.

공교육을 벗어난 이제는 머리를 짧게 깎지 않아도 되지만, 대신 머리가 빠진다. 10대 소년이 바라보는 삶과 60대 노인이 바라보는 삶은 전혀 다른 양상이다. 극적인 경험이나 곤욕을 치르면 '이젠 인생이 뭔지 알 것 같다'며 너스레를 떤다. 그러나 세월이 지나면 그 시절의 깨침이 참으로 민망하다. 단언컨대 있는 그대로 있을 수 없다는 것이, 있는 그대로의 모습이다. 성공은 섭리를 앞서가지 못하고 지혜는 죽음을 극복하지 못한다. 언제나 그리고 어디나, 들숨과 날숨이 교대로 발을 디디는 그때와 그곳이 절대적인 순간이고 참된 자리다.

심지어 깨닫는다 해도 꽃은 피고 새는 운다. 나라는 영영 시끄럽고 지구는 날마다 병든다. 늙음을 늦출 순 있어도 멈출 순 없다. 육체는 기필코 죽음과 몸을 섞는다. 뜻대로 되지 않는 인연의 바다에서 하릴없이 허우적대는 것이, 목숨 받아 사는 것들의 하나같은 살림이다. 뾰족한 묘안은 없다. 한 번뿐인 인생이 엇나가지 않도록 그날그날을 신중하게 즐기거나 견디며, 기대가 크면 절망도 큰 법이니 최대한 단순하게 사는 것 외에는. 마음을 순하게 길들이는 게 수행이고 운명과 사이좋게 지내는 게 정진이다. 어차피 죽음이 찾아와 막아주지 않는 한, 삶은 어떤 식으로든 계속된다.

진리는 발명될 뿐, 발견되지 않는다. 교리와 규범, 문명과 이념은 남들이 지어낸 이야기일 따름이다. 나의 삶에 부분적으로 적용될 순 있지만, 합치는 불가능하며 때론 악용된다. 여러 타자들과의 관계 속에서 자아의 부피를 얼마나 알맞게 조절해나가느냐가 처세의 관건이다. 하지만 모든 아름다운 가치는 삶의 조력자에 머물러야지, 조련사로 군림해선 곤란하다. 평생을 남들의 시선에만 전전긍긍하며 보낸다면, 내게 주어진 삶에 대한 모독이다. 나를 망쳐놓는 것도 나지만, 나를 끝까지 이해해줄 수 있는 것도 나다.

끊임없이 부대끼며 부스럭거리는 삶 속으로 질병과 험담과 시간이 파고든다. 상황과 조건과 변수와 우연의 길은, 목숨의 시작과 끝까지의 거리와 일치한다. 간혹 행운이나 신앙과 같은 샛길이 나 있지만 결국 저승길이다. 쉽게 부러지는 인생을 그나마 지탱할 수 있는 부목은 무심無心. 다만 일껏 살아내다가 순순히 죽음을 맞이하는 것, 그리고 조만간 또 다른 삶을 받게 되면 그때 부여된 몸에 맞는 고민과 열정을 반복하는 것. 만약 소명召命이란 게 있다면 그것뿐이다. 진중鎭重.

주먹을 쥐면 힘이 나지만,

주먹을 펴면 자유로워진다.

이도저도 손이란 걸 잊은 채.

눈부시지만, 가짜

| 인쇄_ 2012년 10월 4일 | 발행_ 2012년 10월 15일
| 지은이_ 장영섭 | 펴낸이_오세룡 | 펴낸곳_ 담앤북스 | 등록번호_ 제 300-2011-115호
| 주소_ 서울특별시 종로구 익선동 34 비즈웰O/T 917호 | 전화_ 02) 765-1251
| 편집·교정_ 손미숙, 박성화
| 디자인_ 정경숙, 고혜정, 최지혜
| 이메일_ damnbooks@hanmail.net
| 블로그_ blog.naver.com/damnbooks
| ISBN 978-89-966855-8-6 03220

정가 13,800원